«LES MÉDIAS PENSENT COMME MOI!»

Fragments du discours anonyme

Collection *L'Homme et la société*
sous la direction de René GALLISSOT

critique des pratiques et des représentations

Vous avez dit : demande sociale. Les sciences sociales seraient-elles des contractuelles d'Etat ou d'entreprise, vouées à fournir le marché des produits de consommation culturelle, à être les servantes de l'audiovisuel ?

Le centre des préoccupations devient la représentation de soi dans le cercle de satisfaction des sociétés nanties : classes et groupes, actions collectives passent à la trappe; il ne subsiste plus que les images. Cette démission compense la parcellisation disciplinaire par la complaisance dans le terrain et le vécu, et plus encore par le culte de l'absolu anthropologique qui accompagne la religion de l'individu, cette invention asociale du libéralisme.

Comment retrouver les chemins de la **quête de sens** et de la **synthèse critique,** faire se rejoindre **une théorie du sujet et une théorie sociale ?**

Ni essentialisme, ni relativisme,
le relationnel seul est absolu.

Dans la collection :

René GALLISSOT ed., Pluralisme culturel en Europe. Culture(s) européenne(s) et culture(s) des diasporas.

René GALLISSOT et **Saïd TAMBA** eds., Populismes du Tiers-Monde.

René GALLISSOT et **Véronique de RUDDER** eds., La mode des identités.

Collection L'Homme et la Société
sous la direction de René Gallissot

FRANÇOIS BRUNE

« LES MÉDIAS PENSENT COMME MOI ! »

Fragments du discours anonyme

Editions L'Harmattan
5-7, rue de l'École-Polytechnique
75005 PARIS

DU MÊME AUTEUR :

Mémoires d'un futur Président, récit satirique (O. Orban, 1975)

« 1984 » ou le Règne de l'ambivalence, essai psycho-politique sur le roman d'Orwell (Minard, 1983)

Le bonheur conforme, essai sur la normalisation publicitaire, (Gallimard, 1985)

ISBN : 2-7384-1832-5

SOMMAIRE

1. « *Déchaîne ton cœur* » 9
2. « *Bonjour, comment allez-vous ? bien j'espère* » 11
3. « *Gérer la souffrance* » 13
4. Le discours anonyme 15

L'ÉPOQUE ET L'IMPUISSANCE

5. « *Être de son époque* » 21
6. La parole de l'événement 25
7. Rythmique dominante 29
8. « *Les infos c'est comme le café...* » 31
9. L'école d'inattention 35
10. Trois sophismes 39

L'ILLUSION INDIVIDUALISTE

11. Le vécu et le mental 45
12. Être On 49
13. L'ambition du « battant » 55
14. Nos combats en bandoulière 59
15. Le bonheur exhibé 61
16. « *Plaisir* » 65

DÉMISSIONS DE L'ESPRIT

17. Coup de cœur 69
18. La déraison heureuse 73
19. Opinion double 77
20. Le rire grégaire 83
21. Positivité à sens unique 87
22. « *Un beau gros message de 600 grammes* » 91
23. Le plein et le creux 95

QUE ÇA FONCTIONNE !

24. « *Fantasmer, c'est bon pour la santé* » 101
25. « *Vendez-vous bien !* » 105
26. L'ex-binôme Pivot-Dupont 107
27. Le Professionnel 109
28. La métaphore automobile 113
29. « *Tout à fait* » 117
30. Jeunes, très jeunes, moins jeunes 119
31. Dialogue, communication, consensus 121
32. Dysfonctionnements ? 123
33. Mondialisme 129
34. Homme moderne 131

PAROLE PERSONNELLE : S'ABSTENIR

35. « Le juste prix » ou le discours du produit 139
36. Ce que nous dit le tennis télévisé 147
37. Le silence de la cible 153
38. Rhétorique maastrichtienne 161

EN GUISE DE CONCLUSION...

39. « *Mon* » discours anonyme 171

Remerciements 175

à la mémoire de Roland BARTHES,
irremplaçable auteur de *Mythologies*.

1

« Déchaîne ton cœur »

Dans une époque dominée par la rage de vivre, de vaincre et de vendre, les concepteurs de ce message très catholique s'inscrivent délibérément dans l'ordre de la charité-rock. Finies la générosité trop pensée ou la pitié trop intérieure, suspectes d'une attitude doublement rétrograde : parce que réfléchie, parce que personnelle. L'heure est aux sympathiques déchaînements dans tous les domaines — corps, cœur et esprit. Les déchaînements de la compassion vont sans doute neutraliser ceux de la violence, et les bombes de la culture faire reculer les ravages de l'analphabétisme — une grande campagne nationale n'appelle-t-elle pas les citoyens à la « Fureur de lire » ? (Option quantitative et extravertie, grande dévoration de textes, saccage collectif d'arbres à papier... Fureur ou *ferveur* de lire, telle est peut-être la question !).

On comprend bien, on comprend trop les louables intentions qui président à de tels slogans. Il faut s'inscrire dans l'air du temps, se mettre en phase avec la sensibilité de l'époque. Le Secours catholique a voulu parler le langage des jeunes, ou plutôt, le langage que l'on prête à tous les jeunes, censés incarner l'avenir rythmé, la cadence irrésistible du monde moderne. Mais en adoptant ce style, si semblable aux appels publicitaires qui flattent l'égoïsme des masses, ce slogan se place au même plan que ses rivaux : celui des comportements mimétiques, un de plus, un de moins. Le jeune est invité, non à se donner, mais à se déchaîner, c'est-à-dire incité à la non-maîtrise de lui-même, et ceci, au nom d'un mouvement collectif qu'implique toujours le lancement d'une campagne. Rien à voir avec l'esprit du don. Celui qui déchaîne aujourd'hui son « cœur », pour faire comme les autres, à quels déchaînements, proposés par le monde, se livrera-t-il demain ?

Supposons nos auteurs de bonne foi — de bonne foi chrétienne. N'ont-ils pas été piégés, en lançant ce message, par l'idéologie ambiante et le « langage du monde » ? Traversés par le discours anonyme, ne s'ent sont-ils pas faits les propagateurs ?

Désenchaîne ton cœur, leur eût dit la sagesse antique.

2

« Bonjour, comment allez-vous ? bien j'espère »

L'animatrice qui lance cette phrase, en un seul souffle, n'attend pas de réponse. Et pour cause, elle parle à la radio. On demeure fasciné par la générosité d'un tel espoir, adressé à des milliers d'auditeurs. Pour qui, pour quoi émet-elle son souhait ? Pour vous et moi, par désir de contact ? Pour elle-même, et se croire en contact ? Pour nous *faire croire* au contact !

Il est vrai que dans le rituel quotidien, cette question n'est guère une interrogation sur la santé ou les affaires d'autrui, mais bien plutôt un rapide salut refusant d'entendre le malheur, l'incident ou le malaise qui viendrait troubler notre impatience. J'espère bien que vous allez bien, et surtout, n'entrez pas dans les détails ! On pose la question, trop souvent, *pour* qu'il n'y ait pas de réponse. Mais la réponse peut venir tout de même, puisqu'il s'agit de conversation.

Or, ici, la parole anonyme qui traverse la voix de notre animatrice, spontanément, « personnellement », au début de son émission quotidienne, prend une tout autre dimension. Elle sait trop que la réponse est impossible ; c'est le « média » qui impose sa situation de discours unilatéral et institutionnel. Il s'agit de prédisposer l'auditeur, l'auditrice à l'évasion. On va lui conter de belles histoires. Tout souci, toute préoccupation personnels seraient mal venus. On doit être provisoirement et collectivement heureux pour ne pas troubler la fête de l'émission. Il faut donc faire le vide en soi. Gare à ceux qui ne vont pas bien ! Qu'ils se débranchent ! Le soliloque individuel, sans cesse insatisfait, doit céder la place au monologue médiatique, toujours autosatisfait.

3

« Gérer la souffrance »

A l'écoute de ces mots, l'oreille se dresse, intriguée. La souffrance humaine, si présente et si peu pensable, plus problématique encore que l'idée de bonheur, scandale pour les uns, source de dignité pour d'autres [1], cette souffrance sans cesse interrogée par l'homme conscient, comment donc pourrait-elle être l'objet d'une *gestion* ? « Gérer la souffrance », cela a-t-il un sens ?

C'est un médecin, à la radio, qui parle. Il s'occupe d'un service hospitalier de soins palliatifs, où l'on « accompagne » des vieillards sur le point de mourir. Il désire, et il a bien raison, les aider à vivre dignement leur mort. Si l'on a bien compris, il tente d'atténuer leurs souffrances sans les abrutir totalement, la difficulté consistant à trouver un moyen terme entre la mort lucide et l'agonie inconsciente, d'où la formule « gérer la souffrance », qui se veut sans doute l'équivalent de « *faire face à, assumer* ».

Mais voilà, la formule demeure, outrepassant son emploi, pleine des connotations qui la traversent, et qui contredisent l'attitude thérapeutique qu'elle recouvre. Gérer, c'est administrer : des affaires, des biens, des intérêts. Transformer la souffrance en simple objet d'administration, au seul niveau des mots, qu'il s'agisse d'ailleurs de « gérer » la souffrance de l'autre ou de la lui faire « gérer » lui-même, c'est la dénaturer, lui ôter son mystère, faire comme si elle ne demeurait pas pour tout humain une interrogation essentielle sur sa condition.

L'ordre de la gestion remplace toujours le *pourquoi* par le *comment*. Ici, le « pourquoi meurt-on ? » par le « comment mourir ». L'emploi du mot gestion dé-problématise la question métaphysique comme pour éviter qu'elle ne se pose.

Ainsi, à son insu, notre médecin s'inscrit par son discours dans l'actuel ordre gestionnaire, qui ne cesse de déposséder l'homme de son sens. De la gestion des stocks à celle des hommes (Michel Rocard parla un jour de son « stock d'enseignants »), le concept de gestion a fini par envahir toutes les dimensions sociales et *privées* de l'existence. On gère toute chose : une crise politique, une image de marque, ses amours, ses plaisirs, ses souffrances, sa mort et celle des autres... Et ce qu'on ne pense qu'à gérer, on ne songe plus à le penser.

NOTE

1. Vigny célèbre la grandeur de l'homme conscient dans la douleur : « J'aime la majesté des souffrances humaines ».

4

Le discours anonyme

Nous sommes traversés : de phrases impensées, de réflexions-réflexes, d'impératifs faussement évidents. Chacun peut éprouver, jusqu'à la nausée parfois, cette impression de creux, de parole machinale, de psychisme inauthentique, en écoutant son interlocuteur abonder en stéréotypes à la mode qu'il prend pour expressions de sa personne. Mais chacun peut s'observer aussi, emporté par les mots, cédant malgré soi à la formule de tout le monde : ce n'est qu'après coup qu'on ressent le malaise d'avoir véhiculé des cohérences avec lesquelles on est en désaccord au plus profond de soi. Si, à telle personne qui m'importune de ses ennuis, je réponds excédé : « *Ce n'est pas mon problème* », je ne fais pas que traduire une irritation peut-être légitime : je laisse s'introduire en moi l'impatience chronique de l'individualisme contemporain, et je n'en sors pas indemne, car à travers cette exclamation, ma personne se constitue de cet égocentrique qui ne peut perdre son temps à écouter autrui. A travers le discours, c'est l'idée, c'est l'attitude, c'est le moi qui deviennent anonymes. Et plus je clame « je », plus je suis « on ».

Il y a bien sûr *des* discours, quotidiens, divers, contradictoires, qui nous parasitent chacun à leur manière (leur diversité pouvant d'ailleurs nous laisser un certain choix ; nous leur échappons en les neutralisant l'un par l'autre). Il y a les grandes idéologies du passé dont on a célébré la mort récente (célébration non exempte d'idéologie). Il y a, plus profondément, la langue elle-même, dont le dictionnaire codifie les significations, et qui, en infusant la moindre de nos paroles de sens commun, nous inscrit malgré nous dans un vaste réseau de culture anonyme, qui est le soubassement de notre civilisation même (ses lieux communs, ses valeurs morales, sa vision du monde en partie millénaire). Tous ces sédiments de pensée habitent nos réactions et nos propos, à notre insu souvent — et l'ambition d'une culture personnelle est justement d'en opérer la prise de conscience[1].

Mais à la surface du discours, indépendamment des grands piliers qui portent encore la philosophie occidentale et nous habitent durablement, il existe une idéologie *ambiante*, une idéologie qui n'a pas de nom, qui mine sans doute la philosophie profonde de notre culture, façonnant l'individu moderne, lui dictant ses opinions de mise, et dont nous sentons la cohérence malgré des expressions multiformes. C'est cette idéologie ambiante que nous voudrions cerner, telle qu'elle affleure dans les propos qui nous environnent, dans les images qui nous sont familières. Elle forme le discours anonyme dans lequel nous nous trouvons immergés. On peut en reconnaître les effets chaque fois qu'elle vide l'individu de lui-même, ou qu'elle le personnalise faussement, ce qui est plus pervers. Mais il est difficile de la saisir dans son ensemble, compte tenu précisément de sa nature impersonnelle et mouvante.

De cette nappe protéiforme, tantôt présente en nous (jusque dans les réflexes les plus spontanés de notre « vécu »), tantôt visible hors de nous (notamment dans le champ médiatique), on ne peut d'abord que repérer des linéaments, des fragments que nous apporte le flux du discours quotidien — formules à la mode, lieux communs d'apparence innocente, « flashes » visuels ou non, dont le caractère secrètement insupportable nous révèle que nous avons affaire à l'idéologie anonyme. Aussi le sous-titre de ce livre en indique-t-il à la fois la méthode et l'objet. Puisqu'on ne peut saisir la nappe exhaustivement, on en analysera les émergences révélatrices. Chaque fragment de discours anonyme, limité par lui-même, prendra son sens dans sa relation à l'ensemble auquel il renvoie. Nous tenterons ainsi, de façon spiralée, d'envelopper par des éclairages successifs le discours qui nous enveloppe. Et sans doute alors des cohérences nous apparaîtront-elles, tant dans les représentations médiatiques censées refléter notre époque qu'au sein des mentalités déjà inscrites dans nos consciences...

Isoler les fragments du discours anonyme est un préalable indispensable au développement d'une parole personnelle.

NOTE

1. Certains ne proclament-ils pas trop fort leur « identité culturelle » ? Il faut en effet reconnaître la limite d'une telle revendication. S'il ne s'agit pour le « moi » que de se référer à une couverture identitaire, passivement reçue du collectif, ou s'il s'agit encore de l'imposer aux autres pour se sentir moins seul dans son abri, au diable l'identité culturelle ! L'identité culturelle ne vaut qu'à condition de devenir identité personnelle : cela suppose un effort de prise de conscience, de discernement critique, et de synthèse originale des éléments culturels que la personne reçoit de sa civilisation.

Ainsi, on ne saurait définir l'identité de Jacques Brel en rappelant qu'il est venu du « plat pays ». En revanche, la chanson par laquelle celui-ci exprime sa relation intime à son pays d'origine illustre bien une part de son être. C'est même *par* l'écriture que Brel fait du plat pays « le sien » : il en constitue son identité personnelle.

L'ÉPOQUE ET L'IMPUISSANCE

« C'est l'époque qui veut Quick »

5

« Être de son époque »

« Il faut ». Sinon, on n'existe pas.

Litanies. « *Je suis profondément de mon époque* », dit l'homme politique qui se veut également à l'écoute du peuple et du monde.

« *Je suis heureuse parce que je vis avec mon temps* », répond Vanessa Paradis à une question de journaliste.

L'hebdomaire *Femme actuelle* publie une interview de Stéphanie de Monaco : *Les secrets d'une princesse* (fin juin 90). Question : « Êtes-vous une femme actuelle ? » Réponse : « Bien sûr, je vis avec mon temps. » Il y a donc, actuellement, un grand nombre de femmes qui sont inactuelles ? Comment y remédier ? La princesse explique : « *Savoir adapter son style à son époque, c'est ça être une femme actuelle* ». Beau secret, merci princesse ! Nous reviendrons sur cet entretien modèle, sur ces réponses anonymes. Comment faire, en effet, pour que « mon » style, adapté à « mon » époque, ne soit pas *dicté* par les modes de celles-ci ? Stéphanie ne nous le dit pas...

Un grand discours répétitif nous enjoint d'appartenir à notre époque, nous infuse la peur de ne pas vivre avec notre temps. Pas seulement le discours que nous recevons d'autrui chaque fois qu'une volonté d'incartade ou quelque humeur critique nous rend contestataires ; mais aussi le discours que nous énonçons à propos « des gens », chaque fois qu'ils nous paraissent par trop figés, rétrogrades, dans des domaines (politiques, vestimentaires, sociaux, religieux) où nous nous voulons évolués. Tel qui vitupère contre le stress des grandes métropoles s'impatiente devant la lenteur archaïque des provinciaux au volant. L'impératif de l'époque est d'autant plus catégorique, dans tel domaine où nous nous rebellons, que nous le colportons spontanément dans tous les autres.

La « loi » de l'époque se présente sous diverses formes. Il peut s'agir, version classique, de l'immuabilité des choses : « le monde étant ce qu'il est », il n'y a pas d'autre solution que de s'y résigner avec réalisme. Il peut s'agir, version moderne, des « phénomènes de société » : vous ne pouvez protester, car ce phénomène vous enveloppe, vous lui appartenez et ne sauriez lui échapper que par l'anormalité d'une sensibilité erronée ; cette précieuse expression a pour effet d'éliminer toute tentative d'explication rationnelle (suspecte d'idéologie freudo-marxiste) aussi bien que toute protestation morale (fatalement d'arrière-garde) : il faut donc s'incliner, en ouvrant de grands yeux. L'époque, dans une perspective plus météorologique, c'est encore « l'air du temps » ; on ne peut que le flairer, en adopter le ton, exactement comme on prend le pas de la dernière mode. L'air du temps a ses prophètes, mi-sociologues mi-journalistes, qui nous révèlent ce que dit l'air du temps, et nous dissuadent, là encore, d'opter pour des attitudes critiques toujours excessives, inefficaces, hors jeu, et pour finir, trop divergentes d'un certain consensus social pour n'être pas antidémocratiques.

Mais qu'est-ce que l'époque ? Ou bien elle ne représente qu'une partie de ce qui existe (événements, hommes, conduites, opinions), et il est abusif de lui conférer le nom global d'époque. Ou bien l'époque se constitue de tout ce et tous ceux qui vivent cette époque : on appartient alors forcément à son époque, et il est absurde d'en faire un impératif. L'expression « être de son époque » est tautologique, et bien sûr, comme la plupart des tautologies, elle couvre une innocente opération terroriste. On décide d'isoler dans notre société un certain nombre de caractères distinctifs supposés représenter l'Époque, à l'exclusion de tous les autres ; puis on brandit le modèle sélectif ainsi constitué comme étant celui qu'il faut suivre, qu'il faut « être » sous peine de n'être pas. On passe ainsi d'un reflet partiel à un impératif collectif. Toute personne en position de pouvoir verbal, si minime soit-il, qui recommande d'être de son époque, opère cette mystification. Invoquer l'air du temps, c'est vouloir modeler les autres, même à son insu, et souvent sur des lignes de conduite tout à fait minoritaires dans le corps social.

A vrai dire l'époque, comme ordre des choses auquel nous serions assignés, cela n'existe pas. C'est une catégorie mentale susceptible d'être emplie de trop de réalités contradictoires pour n'être pas vide de sens[1]. Ce qui existe, en revanche, ce sont des décideurs, ou des systèmes de pouvoir, qui masquent leurs stratégies commerciales ou idéologiques en amplifiant les « impératifs » de l'Époque (« *C'est l'époque qui veut Quick* », dit une publicité). Il y a, complémentairement, des individus qui se veulent « en avance sur leur temps » et qui propagent ces impératifs (vestimentaires, comportementaux et mentaux), et puis le reste des gens, la grande cohorte de ceux qui sentent plus ou moins honteusement le soupçon d'archaïsme peser sur leurs modes de vie, et qui récitent anonymement le discours reçu anonymement. La rhétorique de l'époque finit par convaincre le citoyen de sa foncière impuissance, qu'il suive aveuglément une marche du temps qu'il n'a pas décidée, ou qu'il se sente exclu du monde qui se fait en refusant de se conformer.

On déclare aux gens que l'époque va vite pour leur faire croire qu'elle existe. Et puis on les fait courir derrière elle, en leur infligeant la crainte d'être dépassés.

NOTE

1. Lorsque nous emploierons le mot « époque », le plus souvent de façon péjorative, ce sera donc pour désigner cette représentation suspecte, — sélective, partielle, exclusive, impérative — des réalités contemporaines.

6

La parole de l'événement

L'époque est marquée par tout ce qui s'y passe ; elle déborde d'événements qui sont la matière première des médias ; tout cela produit un discours quotidien dont nous nous emplissons pour le répercuter ; nous avons alors l'impression d'être en prise sur la réalité, d'en être traversés comme de nous y inscrire ; mais tout cela n'est peut-être qu'une vaste circulation de discours anonyme.

1) Avant tout, qu'est-ce qu'un événement ? Qu'est-ce qui a été « événement » depuis trente ans ? Relisons au jour le jour un quotidien du passé : la plupart des événements, dépouillés de la dramatisation du moment, ne nous semblent plus que des poussières de réalités sans grand intérêt, voire des non-événements. Nous aurions donc vécu cela ? Était-ce *la* réalité brute, du prétexte à discours, ou du discours essentiellement ?

2) On sait bien que le journaliste « fait » l'événement, cherche le « scoop », peut manipuler, informer ou désinformer tout à fait consciemment. Mais les manipulations conscientes ne sont pas en cause ici. Ce qui compte, c'est la façon dont, de bonne foi, la classe médiatique *constitue* le réel événementiel qu'elle croit constater. Il ne lui est pas nécessaire d'inventer : ce dont elle parle a bien lieu ; il suffit de *sélectionner*, de monter en épingle l'événement dont on pense qu'il caractérise l'époque. Toute information, étant sélection, renvoie au néant tout ce

qui se produit par ailleurs. Le fait divers cache l'acte politique ; l'agitation politique cache le mouvement de fond socio-économique ; le « phénomène de société » en gros titre cache la permanence des inégalités sociales. Ce qui se passe à Paris anéantit (événementiellement) tel phénomène majeur qui a lieu en province, un frisson hexagonal réduit à rien un cataclysme européen, une crise européenne nous fait ignorer un bouleversement mondial, et l'on peut affirmer que la plupart des événements sont des épiphénomènes masquant les réalités de fond. Les choisir, c'est ipso facto les grossir. Plus précisément, ce choix significatif de ce qu'on décide être d'époque est déjà un discours. Ainsi la toile événementielle que tissent à nos yeux les quotidiens et les médias forme déjà une philosophie du monde que nous devons partager. Y adhérer, c'est nous faire à notre insu les porte-parole d'un « discours d'époque » où nous enveloppons à notre tour les autres.

3) Filtré par la grille événementielle des médias, le monde apparaît comme une suite ou un chaos de faits sans liens. La recherche de l'événementialité des événements se fait au détriment de leur intelligibilité. « Ce qui se passe » nous est présenté comme « ce qui arrive » sans raison, comme « accident », comme manifestation spontanée d'une grande entité imprévisible qu'on nomme justement Époque. Tout devenant événement, tout échappe à la prise mentale de l'individu. Ça se produit. C'est ainsi. Vous ne pouvez rien y redire — rien d'original en tout cas. Le discours de l'événement, dans la sélection même de son contenu, fabrique un réel morcelé dont le caractère premier est sa nature quasi météorologique. On le comprend évidemment lorsqu'il s'agit de catastrophes naturelles. Mais le même mode d'énonciation prévaut lorsqu'il est question de réalités humaines. Par exemple, à cinq ans d'intervalle, on décrète dans les revues 1) l'événement de la mort du couple, et puis, tout à coup, ce sera 2) ce titre surprenant : « *Le retour de la fidélité* ». Prise dans la logique événementielle, la fidélité devient son propre contraire, une mode ! Aucune explication. Aucune maîtrise humaine des choses de la vie humaine. Notre époque, notre vie, ne peuvent être qu'un seul et même firmament bombardé de météores contradictoires.

4) La sensation d'impuissance du citoyen en face de son époque a toutefois une compensation : c'est le sentiment de la

vivre collectivement. Aussi nous suffira-t-il que l'événement *ait l'air* réel : ce n'est pas sa réalité, si souvent répétitive, qu'on recherchera, c'est sa chaude ritualité. Qu'importent les excès ou les erreurs, qu'importent les rectifications ou démentis qui suivent : l'événement n'a pas tant à être réel qu'à être événement[1], c'est-à-dire signe rituel d'une manifestation de l'époque, d'une époque à laquelle nous appartenons, et donc, d'une manifestation de nous-mêmes comme collectivité. Cercle vicieux : l'époque nous est inventée (par un choix d'événements) pour que nous nous soumettions à son ordre ; nous prenons l'habitude d'être chaleureusement (bien qu'illusoirement) unis en elle ; et ce besoin d'appartenance, une fois cultivé, suscite en nous un besoin journalier d'événements qui nous prouvent bien notre existence collective. L'époque devient alors la représentation imaginaire qui garantit à la société qu'elle existe, et qu'elle évolue, quand bien même elle serait sans aucun pouvoir sur cette évolution.

5) Face à l'événement, *l'individu est donc prêt à croire par besoin de suivre*. Les médias, qui se chargent de lui fournir le discours de l'événement, lui garantissent qu'il fait bien partie de son époque. Cela stimule sa parole apparente ; il a droit à l'opinion, et justement, les médias lui livrent, emballé avec l'événement, du « prêt-à-opiner », dont les sondages mesureront la pénétration. Mais cela, on l'a compris, fait surtout taire sa parole, puisqu'il n'a droit qu'à l'opinion de tout le monde, au discours anonyme, avec ses quelques variantes personnalisantes. En somme, ébahi devant les phénomènes de société et les faits d'époque qu'on lui présente comme son vécu collectif, l'individu ne peut qu'assumer ou se taire. Il ne saurait se soustraire à cette part d'identité sociale que le système prévoit pour lui. Dans le public, quand monte le taux d'écoute, on peut être sûr que baisse le taux de parole. Le discours anonyme ne parasite pas seulement le discours personnel, il le réduit au silence intérieur.

NOTE

1. Qu'importe que la guerre du Golfe ait eu ou n'ait pas eu lieu, qu'on l'ait vue ou ne l'ait pas vue ! Des informations éparses (mais bien déclamées), des bouts d'images simulées (avec cette mauvaise qualité qui fait l'authenticité) ont suffi comme effets de réel : l'essentiel était pour le public de *savoir* qu'il y avait événement et qu'il le « vivait ». Cet événement fut aussitôt présenté et vécu comme signe d'époque (guerre électronique, simulation et stratégie, etc.). La mise en cause de l'impuissance des médias à rendre compte de l'événement fut encore un événement, puisque encore signe d'époque. Les médias ont ainsi parfaitement récupéré la critique des médias comme moyen d'élaborer l'époque... Un an après, que reste-t-il de l'événement ? Qu'est-ce qui a changé dans l'Histoire ? Qu'est-ce qui a changé dans la conscience du citoyen ?

Sans doute le « dégel » des pays de l'Est, après 35 ans de glaciation, fut-il une réalité beaucoup plus pleine, médiatiquement parlant (non sans trucages, et pas seulement en Roumanie). Mais là n'était pas le plus important. Une fois encore, ce qui a compté, c'est que le public ait eu l'impression d'avoir vécu l'événement comme garantie d'époque. Qu'a-t-il vraiment reçu du réel ? Pas grand-chose. L'événement n'a pas à être jugé sur son effet de réel, mais sur son « effet d'époque » : et c'est alors qu'il a l'air « tellement vrai » !

Cette loi explique le nombre croissant de faux événements créés par les professionnels, si possible bien maîtrisables dans leur retransmission, qu'il s'agisse de faits divers simulés après coup (« *La nuit des héros* »), de compétitions en tous genres, de défis de toutes sortes. Il faut tellement produire de l'époque aux yeux de l'époque ! A propos d'une simple émission rétrospective, Télérama affiche en gros titre « *Le retour des années 70* » (juillet 1991). Comme tous les anniversaires ou célébrations « rétro », il s'agit d'un simulacre d'événement. Mais le gros titre l'actualise comme fait d'époque, et c'est ce qu'il fallait signifier. Chaque fois que l'époque tente de récupérer des lambeaux du passé, au reste, ce n'est que pour s'offrir une totalisation, une réitération d'elle-même : cela n'a rien à voir avec l'élaboration d'une conscience historique.

7

Rythmique dominante

Un présentateur, à Paris, nous décrit ce qui se passe à l'autre bout du monde. Sa diction est claire, son verbe précis ; nous nous représentons très bien ce qu'il énonce. Pourquoi, alors, donne-t-il la parole à l'Envoyé spécial, qui est là-bas, sur place et nous répète de façon inaudible ce que nous savons déjà (il force la voix ; le vent agite ses cheveux ; autour, bourdonnement de voitures, etc.) ? Pour que, branchés sur l'action en direct, qui est notre aventure par procuration, nous ne puissions douter que c'est bien là le réel. Une fois produit cet « effet de réel », retour au studio : on nous résume les faits, on cède la place au commentateur, qui ne peut souvent que répéter des évidences, n'ayant pas eu le temps matériel (ni l'information suffisante) de procéder à une analyse en profondeur.

Schéma classique, quotidien, en trois temps. Ce n'est déjà plus de l'information, c'est de l'orchestration. Il faut densifier les choses, car les faits sont bien maigres. Le *rythme* médiatique a pour fonction de faire entrer l'événement dans le discours d'époque, et le discours d'époque, irrésistiblement, dans notre for intérieur.

L'événement, compte tenu de son caractère météorique, pourrait désorienter un citoyen perplexe devant le chaos absurde des faits isolés. Pour constituer, en les reliant entre eux, cette toile de fond (événementielle) qui lui garantit d'être porté par le mouvement d'une époque, il y a donc le grand rythme des journaux. Rythme externe : saisonnier, hebdomadaire, quotidien, au fil des heures ou des quarts d'heure. Rythme interne, surtout, qui structure de façon théâtrale, sonore et visuelle, le flux de nouvelles qui émergent du monde. Rythmer les événements, bien qu'ils n'aient entre eux aucun lien logique, c'est justement en faire une chaîne audiovisuelle renvoyant à notre époque audiovisuelle. Dès lors, toute mise en rythme des « infos » les connote d'événementialité, les relie au monde supposé réel qu'ils sont supposés refléter. Le rythme fait l'événement et, en même temps, fait de l'événement un maillon de l'époque. Cette époque avance, vit, évolue, marche, progresse, trépide à une vitesse qui est celle-là même que lui prête le rythme des médias. L'auditeur aurait tort de s'abstraire de celle-ci : ce serait se retirer de la marche du monde et de sa cadence impérative. Le rythme *crée* ainsi la réalité progressiste de l'époque.

On parle classiquement d'*idéologie dominante* ; il n'y a pas à récuser cette expression. Simplement, il faut lui ajouter celle de « rythmique dominante », car c'est bien de cette manière, musicalement si l'on veut, que l'idéologie ambiante nous pénètre. Le rythme déclenche en effet un réflexe d'adhésion, sans la médiation de la réflexion. Rythmer, ce n'est pas seulement ordonner : c'est chercher à entraîner, quasi-biologiquement. A la chaîne dialectique des causes et des conséquences, le rythme substitue le principe d'une successivité purement sonore, à laquelle il faut immédiatement s'accorder. Faire des événements une série d'éléments interchangeables, arbitraires, quels que soient les épisodes explicatifs (simples intermèdes, musicaux eux aussi) dans la grande chaîne rythmique, c'est le contraire même de les présenter comme un ensemble complexe, à analyser, à distancier pour le comprendre, où l'accessoire serait subordonné à l'essentiel.

Mais non, le rythme à lui seul vous persuade qu'*il se passe sans cesse quelque chose* [1], que vous devez suivre sinon y être, que c'est là la cadence même de votre époque, et qu'il faut l'intérioriser pour donner un sens à votre propre vie.

NOTE

1. On ne compte pas les slogans publicitaires qui illustrent cette rythmique pour en récupérer la domination : « *Il se passe toujours quelque chose aux Galeries Lafayette* », formule connue ; mais aussi, plus stupidement encore, cette annonce des Éditions Denoël : « *Il s'en passe, des choses, sous nos couvertures* »... Voici le livre réduit à une conception événementielle de l'écriture !

8

« Les infos, c'est comme le café, c'est bon quand c'est chaud et quand c'est fort »

(*Slogan RTL, nov 90*)

Faute d'être acteur de l'événement, le citoyen est convié à en consommer le spectacle. En un seul mouvement, il obéit à l'injonction de *participer* et il oublie son impuissance sur l'époque. Il n'existe pas s'il ne se branche pas. Il croit exister s'il demeure, hypnotiquement, en direct. On lui confère un illusoire vécu collectif.

C'est que l'époque n'a pas à se comprendre : elle ne peut que se vivre, et se vivre sur l'unique mode de l'absorption. L'événement n'est qu'un *produit* qui manifeste la réalité du monde, comme le produit joue à être événement pour nous sembler prescrit par le monde (*C'est l'époque qui veut Quick*). Il faut consommer.

Bien vite, entendre le discours de l'événement équivaut pour l'auditeur à contempler comme une sorte de prolongement de son aventure personnelle. Il vit l'époque comme il « vit » les films ou les faits divers : par procuration, par de suspectes identifications, par illusion en définitive. Il ne fait qu'en consommer les signes (les fameux « signes des temps »), mais n'en éprouve pas moins le sentiment confus que cela appartient à son vécu. Par son rythme prenant, le faux miroir des médias lui fait sentir cette extraordinaire époque comme son existence même. Mon époque, c'est moi.

Mon époque, c'est moi : formule à double tranchant, qui dissimule un vaste piège. Car si d'une part elle me procure l'illusion d'un fantastique enflement de mon « vécu » (qui s'étoffe de tout ce qui se passe dans cette époque mienne), d'autre part, elle m'interdit d'oser être autre chose que cette époque qui me fait, elle m'empêche de me penser *contre* elle, d'opposer la liberté de mes choix aux fatalités de sa « réalité ».

Je ne suis rien d'autre que cette somme d'événements rythmés dont les résonances étudiées me persuadent qu'ils font partie de moi. Je ne vis pas ma vie, je la consomme à travers le spectacle dramatisé de mon Temps. J'intègre la modernité comme discours intérieur. Le succès de l'horoscope privé ne représente peut-être qu'une sorte de micronisation, à l'échelon individuel, du grand fatalisme planétaire inhérent à l'idée même d'époque balayée d'événements. Et plus l'on se sent impuissant comme acteur, plus l'on devient insatiable comme spectateur, d'où sans doute la propension pour les événements tragiques qui, en même temps, légitiment notre sentiment d'impuissance et nous grandissent dans le miroir dramatisant d'une époque émouvante. Ah, terrible époque que nous avons la chance de vivre ! On s'horrifie soi-même, narcissiquement, devant le spectacle de l'horreur, qui est notre pain quotidien. Comme ce monde qu'on nous présente, et qui nous effraie, correspond à notre désir d'effroi devant le monde ! Complicité des médias et des publics dans la déploration gratifiante ! Grande circulation de discours anonymes !

Il est vrai que notre « participation » à l'époque ne se limite pas à cette insatiable consommation. Pour garder, si faible soit-il, notre sentiment d'individualité, nous y réagissons parfois par une « opinion ». Le flux continu et répétitif d'événements semblables à eux-mêmes, charriés dans un flot de discours médiatiques impersonnels et redondants, après avoir traversé et inondé le champ de notre conscience, ressort par le canal de notre voix sous la forme d'opinions. Nous opinons ! Bien sûr, les commentateurs ont largement fourni au public toutes les opinions possibles, enfermées qu'elles sont dès le départ dans le « discours de l'événement ». Mais nous opinons, et parce que notre discours est privé, nous le croyons personnel. Nous échangeons nos opinions, nous nous échauffons dans cet échange ; nous nous investissons dans cette opinion dont dépend l'image que nous donnons de nous-mêmes. Mais tout ceci reste au niveau de l'opinion, non de l'analyse. L'opinion sur l'événement ne va pas plus loin qu'un échange de goût sur la saveur ou la force d'un café. Triple loi du système : consommation/consolation/compensation.

Aussi bien est-elle choyée, cette opinion. Elle bénéficie d'un statut flatteur : on la sonde, quotidiennement. On fait croire au public qu'en face des phénomènes du monde, il *pense*. Et ceci devient un événement de plus, renforçant en chaque individu l'illusion d'une maîtrise cérébrale sur cette époque qu'il a la terrible chance de vivre malgré lui, et qu'il doit suivre jusqu'à l'essoufflement sans avoir prise sur elle. Il se crée des opinions majoritaires qui, dans le champ public, camouflent l'impuissance collective. Elles sont consommées en même temps que les événements qui les ont suscitées ; le tout parachève le tableau de l'époque, ce reflet sélectif et partiel du monde, qui n'a de cesse d'engendrer un vécu fictif et des opinions anonymes. Cercle vicieux : il faut, pour que l'homme moderne se donne une « opinion », lui fournir une pluie d'événements ; il faut, pour que cette opinion soit sans effet sur le monde (et ceux qui le mènent), que ces événements aient un caractère de fatalité de l'époque, d'éternels faits divers engendrés par la météorologie sociopolitique qui fait notre environnement quotidien. L'idéal, c'est l'événement brutal, la catastrophe soudaine, qui fait à la fois consommer et opiner le spectateur moyen, en lui donnant à produire pour toute opinion le « ah ! » atterré devant l'horreur de l'époque. C'est alors que le public atteint le sommet du discours quotidien : le silence anonyme.

9

L'école d'inattention

Voici ce qu'écrit un lecteur de *Télé 7 Jours* : « *Il y a quatre-vingt-cinq ans, ma grand-mère qui était une femme pleine de sagesse et de bon sens m'a dit : mon petit bonhomme, il ne faut jamais faire deux choses à la fois, elles risquent d'être mal faites. Alors, pourquoi la télévision et la radio abusent-elles des fonds sonores pendant une causerie qui demande de l'attention ? Pourquoi de la musique ? Nous en sommes farcis, refarcis ! Il y a beaucoup de personnes âgées qui voudraient aussi comprendre ce qu'un orateur raconte, ce qui les intéresserait plus qu'un bruit de fond, qui couvre la plupart du temps des choses intéressantes.* » (A. Mathys, 92 ans et demi [1]).

Un mot de la place et de la forme de cette réaction. Il s'agit d'une opinion. C'est une opinion *parmi d'autres*, qui se succèdent dans un « courrier des lecteurs », lieu où elles se contredisent et s'annulent (seuls les spécialistes ont droit, dans des articles, à l'analyse et à la cohérence d'une pensée). Cette opinion, d'autre part, par son ton de mécontentement qui se craint minoritaire, par son passéisme affiché, manifeste explicitement sa *relativité* d'opinion, issue d'une personne âgée à l'intention des personnes âgées, d'où sa fragilité de cri antédiluvien (il y a 85 ans, une grand-mère pouvait bien en avoir 75, ce qui fait remonter ladite sagesse à plus d'un siècle et demi), et d'aveu d'impuissance : les vieillards, un peu durs d'oreille, sont fatalement incapables d'une double attention, à l'inverse de notre belle jeunesse, dont l'étonnante lucidité critique est chaque jour affinée par les médias... Dès le départ donc, notre téléspectateur se disqualifie en se plaçant hors époque, et littéralement *incapable de suivre*.

Notre sage vieillard ne manque pourtant pas de logique en se demandant pourquoi on produit des causeries intéressantes, si c'est pour les brouiller d'un fond sonore intempestif. Partant du curieux a priori selon lequel ces conversations sont faites pour être entendues, il songe qu'il doit y avoir des abus, des bavures, des déréglages d'intensité. Seulement, voilà : si l'observation montre que nous sommes « farcis et refarcis » de fonds trop sonores, c'est qu'il doit y avoir du système là-dessous ; si le bruit de fond couvre « la plupart du temps » le sens des paroles, n'y a-t-il pas quelque chose quelque part qui *veut* que ces causeries soient suivies sans être entendues, écoutées sans être comprises, et pour tout dire, *consommées* sans autre forme de procès, de sorte qu'il n'en restera, au fond de chacun, qu'un maigre limon de discours anonyme.

« *Cinéma, radio, télé, magazines*, dit Robert Bresson, *sont une école d'inattention : on regarde sans voir, on écoute sans entendre* ». On doit ainsi rester parfaitement perméable et totalement inconscient à l'égard du discours qui nous traverse. Qu'est-ce qu'il vient faire là, cet aïeul qui prétend écouter, discerner, et isoler le sens des paroles de la rythmique dominante qui les couvre ?

Les gens du métier, les professionnels de la bande-son ou de la mise en images ne sont pourtant ni sots ni méchants : ils devraient bien se rendre compte ! Mais voici qu'eux aussi sont traversés par un impératif anonyme, un souci médiatique qui leur dicte, sous forme de réactions instinctives, l'urgence d'une illustration sonore là, un changement de prise de vue ici, un gros plan ici, et du bruitage là. Il faut varier, il faut charger, il faut couper, il faut « flasher », il faut rythmer, il faut accélérer, *il faut* : sinon, « les gens vont décrocher ». Des études anglo-saxonnes l'ont montré : l'attention du spectateur moyen ne peut excéder tant de secondes, etc. Le vieillard voulait méditer, on veut le distraire.

L'alibi de cette technologie du spectacle est la peur d'ennuyer. Qu'est-ce donc que cet « ennui » ? Peur du Vide d'un côté : il faut meubler l'actualité, gaver les yeux, farcir les oreilles, empêcher le vertige du silence où se prolongent les vraies questions. Peur du Sens de l'autre côté : non pas le sens tout fait des opinions courantes, mais la *question* du sens, l'interrogation permanente sur la signifiance des choses ou les significations du devenir humain. Alors, on neutralise par de la musique ce débat même qu'on annonçait comme passionnant, on sert au public une bouillie de signes audiovisuels chargés de l'appâter sans l'alerter. On produit de l'époque. On va même jusqu'à poser des problèmes cruciaux, mais avec assez de bruit et de bruitages, de « flashes » (documentaires ou publicitaires) qui entrecoupent, d'images et de rythme visuel, pour vous empêcher de les penser. Vous intéresser trop fort à la question vous conduirait peut-être à fermer le poste. La pensée personnelle décrocherait du discours anonyme. Alors, on suscite votre attention et on l'empêche en même temps, on la « fixe » pour vous priver de la distance (critique), et l'on s'arrête là. Ce qui est recherché, ce n'est pas l'attention c'est l'hypnose[2].

Ainsi, la recherche de l'audience conduit à façonner une attitude d'écoute caractéristique : l'attention inattentive. Celle-ci, jointe à la perméabilité sensorielle des spectateurs, laisse idéalement pénétrer en eux les stéréotypes du discours ambiant. La normalisation du type d'attention redouble celle des contenus, et vice-versa.

NOTES

1. *Télé 7 Jours* du 15.08.81. Ce type de plainte n'est pas rare.

2. Le phénomène du « zapping », qui s'est largement développé avec la diffusion de la télécommande et la saturation publicitaire, ne donne au spectateur qu'une illusion de liberté critique, non seulement parce qu'il a développé dans chaque chaine la rage d'accrocher sans faire penser, mais surtout parce qu'il surdéveloppe en chaque téléspectateur l'impatience de l'écoute et l'attention inattentive. Chatouillez-moi l'esprit mais, de grâce, ne me demandez pas de réfléchir.

10

Trois sophismes

De cette représentation imaginaire que l'on nomme « notre époque », fruit du système des médias et de notre soif d'existence à distance, il arrive bien sûr que le citoyen décroche. Il est pris un beau matin d'un accès de conscience. Le théâtre des événements ne lui semble plus correspondre à sa vérité existentielle. Il nie la réalité postiche du monde qu'on a filmé pour lui. Il cherche enfin son sens par lui-même. Grande est alors la tentation séparatiste, le refus du suivisme, le rêve d'une liberté critique. Comment l'empêcher de ne pas penser comme les autres ?

Rassurons-nous, le cas est prévu dans la rhétorique usuelle du discours anonyme. Une panoplie d'arguments répandus dans le langage de tous les jours, employés par les uns, regrettés par les autres, mais répercutés par tous, nous dissuadent sans fin de cesser d'adhérer à l'Époque.

Il s'agit d'abord du *sophisme de l'inéluctable*. C'est l'opinion selon laquelle toute prise de position contre tel ou tel aspect de la « modernité » est inutile, parce que dépassée. Car l'événement se produit « qu'on le veuille ou non »... Car « telle est la réalité d'aujourd'hui... ». Car « s'opposer à cette évolution actuelle (des mœurs)... est un combat d'arrière-garde »... Car « la logique économique veut que... », « les progrès de l'informatique conduisent inéluctablement à la nécessité de... », « dans les circonstances présentes, la seule décision possible est de... ». Une foule de locutions de ce genre sert quotidiennement à décliner le sophisme de l'inéluctable, le plus souvent pour présenter comme incontestables des choix politiques ou sociaux très discutables, et faire taire les objections. On l'a bien vu, par exemple, lorsqu'il a été question de justifier le saucissonnage des films par des spots publicitaires, à la télévision (que c'est vieux, que c'est loin, comme ce problème est déjà « dépassé » !). Un savoureux sondage posait au public la question suivante[1] :

« La publicité est une des ressources financières qui permettent à la télévision d'acheter des films. Si vous aviez le choix, quelle solution préféreriez-vous :

— *Voir un film entrecoupé d'un entracte publicitaire ?(46 %)*

— *Ne pas voir du tout de film ? (43 %)*

Extraordinaire question ! Elle contient déjà un argument « pour » (c'est grâce à la pub que vous avez des films). Elle précise : *si vous aviez le choix* (pas de blague, ça se fera de toute façon !). Elle place les gens devant un tout ou rien (pas de spots, plus de films : il *faudra* accepter le saucissonnage, c'est une fatalité de l'époque). Et le commentateur de conclure, malgré la faiblesse de la majorité qui se dessine : « *Vous reconnaissez au fond que la publicité est une nécessité pour financer les programmes* ». C.Q.F.D. On a fait au public le coup de l'inéluctable, en lui imposant le mal sous prétexte de lui éviter le pire. La liberté du citoyen se réduit au choix de la catastrophe minimale. L'époque le veut ainsi, on n'y peut rien[2].

Le deuxième sophisme, complémentaire du précédent, consiste à dire, ou suggérer, ou laisser penser que, somme toute, *toute évolution est un progrès* ; et comme on sait, on n'arrête pas le progrès. Honte aux nostalgiques : ne pas suivre, c'est régresser. Quelqu'un d'*évolué* est quelqu'un qui suit l'évolution : c'est dans le vocabulaire même. Les autres sont en retard, quelle que soit l'évolution dont il s'agit, notamment dans le domaine des mœurs. Toute nouveauté est libération. Les jeunes sont publiphiles, or les jeunes *sont* l'évolution, donc la publicité est libératrice, signe de bonne santé d'une « démocratie avancée ». Les critiques, passéistes, sont forcément irréalistes. Ainsi, non seulement on n'arrête pas le progrès, mais mieux, ce qu'on n'arrête pas est par essence un progrès[3]. On arrive à ce paradoxe selon lequel tout ce qu'on nous décrit comme inéluctable se trouve être fatalement signe de liberté ! Le moindre mal, produit de l'inéluctable, devient, comme fruit de l'évolution, un bien objectif. Glissement qui intègre la rhétorique des « rançons du progrès » : tout événement fâcheux, tout effet pervers de la modernité, une fois mis au compte de la « rançon du progrès », doit être accepté comme indissolublement lié à une évolution globalement positive. Il ne reste plus aux mécontents que le choix entre s'adapter ou se sentir coupables. On ne peut être que ringard ou câblé.

Troisième sophisme, *la majorité a toujours raison*. Elle a la force, elle a la vérité, elle a le droit. N'est-elle pas l'expression *actuelle* de l'Opinion, telle que le progrès l'a modelée ? Voici que le principe de la démocratie se mue en son contraire : un moyen d'intimidation des marginaux ou retardataires, supposés dans l'erreur parce que minoritaires. L'expression majoritaire devient l'oppression du petit nombre. Il suffira donc de faire croire à l'existence d'une majorité pour faire taire tous les contestataires. Quiconque n'a pas le style de vie moderne, supposé adopté par la plupart, doit littéralement « s'écraser » (« *Écrase-toi, Pépé !* »). Quiconque se découvre dans la minorité, en lisant un sondage par exemple, doit ressentir comme une minoration de son identité sociale. Les sondages ne sont-ils pas commandés, le plus souvent, par des responsables qui veulent susciter un mouvement de ralliement à la majorité que ces sondages sont chargés de dégager (non sans truquer les questions) ? Dans notre société, où l'on parle tant de personnalisation, c'est en effet l'instance mimétique (sans cesse attisée par les phénomènes de mode) qui règne dans les cœurs. Elle leur infuse la honte latente de ne pas se conformer aux normes du jour. Dès lors, le citoyen isolé, qui *se croit* seul, à l'écoute d'un discours dominant qui lui semble majoritaire, finit par trouver sa position intenable, jusqu'à ce qu'il bascule dans le camp officiel, muant sa trahison intime en vertueuse adaptation à l'époque.

Nos majorités écrasantes sont faites pour écraser. Toute la question est alors de persuader les gens que de telles majorités existent. C'est là qu'interviennent les médias, et ceux qui les mènent. Pour l'individu face à la société, tout ce qui est massivement répandu dans les médias semble massivement constituer l'époque, qu'il s'agisse d'opinions anonymes, de mœurs « évoluées » ou de modèles nouveaux d'existence. Il suffit que les mêmes images, les mêmes discours, les mêmes façons de vivre se banalisent *dans le cadre médiatique* pour qu'aussitôt le public les reçoive comme régnant « dans le monde d'aujourd'hui », et donc, devant être suivies. Qu'il s'agisse du port d'un vêtement ou d'un propos économique, du poncif d'une interview ou d'une conduite de star, *la banalisation est la forme actuelle de la normativité.*

Que notre philosophie de tous les jours soit marquée par une idéologie dominante, cela ne surprendra guère. Qu'il suffise à cette idéologie de *se montrer* dominante pour se trouver légitimée, voilà qui doit nous alerter. La fiction de l'idéologie unanime, en envahissant le discours anonyme, finit par devenir réalité.

NOTES

1. Sondage *Ipsos-Télé 7 Jours*, oct. 1985.

2. Dans nombre de discours, c'est l'argument de l'Europe (en train de se faire) qui joue le rôle de fatalité de l'Époque, sous couvert de l'expression commode « la logique de » : la logique économique de l'horizon 1993 implique que, la logique communautaire veut que, etc. Plusieurs commentateurs ont relevé le succès suspect de cette expression, devenue historique en août 1990, lorsque F. Mitterrand parla de « logique de guerre » au Moyen Orient. L'emploi de ce terme prévaut chaque fois qu'un orateur veut masquer des finalités inavouées (dont il peut n'avoir pas conscience) sous l'aspect de réalités irréfutables. On nous parle de « logiques » pour bâillonner notre raison, devant l'ordre des choses qu'il nous faudrait critiquer, langage fonctionnel de responsables qui veulent présenter comme inéluctables les évolutions qu'ils n'ont pas le courage d'infléchir. Pour mieux le sentir, remplaçons toujours le terme « logique » par le terme « illogisme », le sens des phrases s'éclairera : l'illogisme économique veut que, l'illogisme publicitaire veut que, l'illogisme de l'époque nous conduit à, etc... (cf. chap. 38, sur la rhétorique maastrichtienne).

3. L'idéologie du progrès découle naturellement de l'évolution technique ; mais elle est cultivée et renforcée en tant que telle de mille et une façons. Un simple exemple : les enfants voient en noir et blanc les documents d'actualité du passé (films d'avant-guerre, mais aussi journaux télévisés des années 60). La vision qu'ils en tirent est celle d'un monde austère, démuni, puisque sans couleurs. A partir de là, les spots publicitaires ou films modernes ont pris l'habitude de présenter en noir et blanc les séquences relatives au passé ou à l'enfance des adultes. Ce code n'est pas innocent : il conforte aux yeux des jeunes l'idée que la vie, grâce au progrès, est plus belle aujourd'hui que naguère. Une simple pratique esthétique devient effet idéologique : ainsi fonctionne le discours anonyme.

L'ILLUSION INDIVIDUALISTE

« Soyez vous-même. Chouchoutez-vous »
Les Trois Suisses.

11

Le vécu et le mental

Pour affirmer son identité, et donc y croire, l'individu moderne dispose d'un terme imparable : le *vécu*. J'ai, tu as, il a, nous avons un « vécu »[1].

Le vécu ! Participe passé *substantivé*. Du vrai à l'état cru, dense, corporel, incarné. Le seul emploi du mot donne au locuteur la sensation de jouir d'une subjectivité pleine, consistante, limitée certes, mais par là même authentique. Mon vécu, c'est de la personnalité-substance, déposée par un heureux hasard (le hasard de la vie) au fond même du moi. Il suffit de le constater, de l'écouter dans la zone où il gît, et l'on a le sentiment très fort d'*avoir* existé.

Car il faut distinguer le vécu du vivant. On ne décèle son vécu qu'après coup, comme s'il se produisait à notre insu, échappant à notre vouloir. Le vécu se donne le plus souvent à la conscience comme passé, mais un passé ressenti, éprouvé, composé, un passé qui a tout le poids du corps et du concret, par opposition aux idées, à l'abstraction, au verbal (trop rationnel). Alléguer son vécu, c'est vraiment autre chose qu'exprimer une pensée !

Le dictionnaire définit le vécu comme « l'expérience vécue ». Pléonasme ? A la vérité, la notion d'expérience suppose toujours, conjointement, une *réflexion* sur l'expérience. Le vécu, lui, n'est que l'objet d'un constat : il fuit tout ce qui pourrait l'interpréter, l'analyser, l'orienter ; il craint par-dessus tout l'intellectualisme, qui le dessécherait, lui ôterait, par excès de lumière, de sa substantielle complexité. Le vécu se constate, comme une production spontanée dans le champ de notre existence. Faire intervenir une conscience précise dans l'élaboration du vécu le viderait de son originalité supposée, exténuerait sa valeur de témoignage authentique de soi à soi, dans le miroir de l'écoute d'autrui.

Aussi bien, pour peu qu'on se laisse envahir par le mot « vécu », on se pénètre d'une philosophie du « moi » selon laquelle l'être n'est qu'une somme de « vécus », et non une instance qui ordonne et qui « pense » l'expérience de la vie. On élimine la question du sens. On fait comme si exister ne consistait qu'à recevoir des « moments » d'existence impensés, subis, et dont il est de bon ton d'ignorer dans quelle part de notre être ils ont retenti. Il a suffi de ressentir. Le vécu *doit* être chaotique, échappant ainsi à la répression d'un ordre intérieur, c'est-à-dire à la tentative de structuration de la personne.

Dès lors, le vécu n'a pas à être jugé (c'est à quoi sert son humilité apparente) : il est une donnée indiscutable, il a force de loi, il est le dieu immanent devant lequel la liberté, la volonté, l'intelligence doivent se taire. On consulte son vécu, on n'a pas à construire sa vie. On fait état de son vécu, on n'a pas à justifier sa conduite.

Le vécu constituant l'identité, il y a une rhétorique du vécu, une façon de se raconter qui fasse *vécu*, à l'aide de mots qui semblent se chercher, d'approximations à la mode (cf. la phrase caricaturale: « *Cela m'interpelle quelque part au niveau du vécu* »). L'hésitation dans la formulation est un signe incontestable de la validité du vécu. Chacun est avide du vécu de l'autre, et il faut que les « vécus » qu'on échange fassent bien « vécu » pour être reçus, consommés, intégrés. Attention à la phrase trop intellectuelle, trop lucide ou trop littéraire : ce qu'autrui veut de moi, ce ne sont pas des idées, mais le supposé senti, dans lequel il reconnaîtra plus aisément une absence de structure confortant la sienne. Rubriques, interviews, témoignages nécessaires aux débats, tout doit obéir à la mode du vécu, livrer des tranches de vécu. Le vécu est une sorte de prêt-à-consommer le vivant humain. Aussi les emballages verbaux dans lesquels il est présenté se ressemblent-ils étrangement, des aveux des stars (dont on traque le vécu, si proche du nôtre) aux courriers des lecteurs (aux réactions émues), en passant par les collections autobiographiques (dûment réécrites) où se mêlent vies obscures et vies célèbres, les stéréotypes de l'époque constituant bizarrement les vécus les plus privés. On s'achemine vers l'expression individualisée du vécu collectif, c'est-à-dire de ce que les gens ont cru devoir vivre à travers ce qu'on leur a dit être leur époque. Et l'on voit le mot qui semblait exprimer la quintessence de la subjectivité spontanée couvrir, en chacun, la banale manifestation de la sensibilité collective et de l'imaginaire du moment. Le discours du vécu illustre l'anonymisation de la parole personnelle.

Où l'individu moderne place-t-il donc l'esprit, la pensée de ce qu'il est face aux autres, qui pourraient (jusqu'à nouvel ordre) traduire plus véridiquement sa façon d'être au monde ? Il ne l'a pas tout à fait abandonné ; il l'a seulement réduit à une simple fonction supra-biologique : l'esprit est devenu *le mental*. J'ai, tu as, il a un mental. Celui-ci plane au-dessus du vécu, il en est l'élément protecteur. On le fortifie quotidiennement, à l'aide d'exercices ou de médicaments. Le mental, c'est le bouclier du vécu, et le vécu, quelquefois, peut faire « craquer » le mental. Mais rien n'est perdu : l'*identité* qui flanche, au niveau du mental s'enrichit de cette défaillance même au niveau du vécu. Le mental, c'est l'intelligence-robot, l'esprit réduit à un pouvoir de régulation des émois et à une cérébralité purement technique. Mental, métal. Bien entendu, ce mental qui protège l'individu contre le grouillement informel du vécu n'est pas davantage « personnel » — qu'on en trouve le modèle dans le bras du sportif qui ne tremble pas ou dans la conduite féroce de l'homme d'affaires qui se bat pour exporter. Ainsi, l'alliage du vécu et du mental, caricature de la dualité corps-esprit, constitue aux yeux de l'individu, qui se croit pourtant original, une identité doublement impersonnelle, toute prête à propager le discours ambiant qui l'environne, en croyant y vivre une authentique subjectivité[2].

NOTES

1. Précisons ici le sens que nous donnons à l'opposition Individu/ Personne, qui est essentielle au propos de cet essai :

— L'individu, c'est l'être humain à l'état brut, si l'on ose dire, tel que la société le produit ou le saisit par ses divers conditionnements. Il n'est qu'une cellule de la « masse », même s'il est persuadé qu'il est l'auteur de son destin et de son discours.

— La personne, à l'inverse, c'est l'être humain qui, à partir des données individuelles qui le constituent, entreprend de se construire originalement, par sa conscience, par sa parole, par ses actes, dans sa situation et sa relation avec autrui bien entendu, mais en restant toujours soucieux de s'engager *librement*.

Dans cette même acception, le terme de « sujet » aurait pu convenir (cf. le n° 101 de la revue *l'Homme et la Société*, « Théorie du sujet et théorie sociale »), encore qu'il soit d'un usage plus spécialisé : le « sujet », c'est la personne en tant qu'objet d'un discours sur la subjectivité. Disons, pour conclure, que la personne, c'est justement l'être qui devient sujet de sa propre vie, notamment en se libérant des discours anonymes qui parasitent sa propre pensée.

2. Ce qui échappe au vécu et au mental, c'est tout simplement *la pensée*, d'où l'animosité des apôtres du vécu à l'encontre des intellectuels, les bons et les moins bons, taxés d'intellectualisme au moindre propos critique. Le cerveau ne doit pouvoir servir que d'instrument régulateur : la lucidité décapante, la conscience de ce que le « vécu » reçoit d'anonyme, de collectif, d'idéologique en somme, voilà qui ne semble pas sain. La négation de la *vie intellectuelle* (remplacée par le « mental » instrumental) est inhérente à l'idolâtrie du vécu.

12

Être On

L'époque, qui programme nos destins, ne nous crie si fort « Soyez vous-même ! » que pour ajouter tout bas : « en imitant tout le monde ». Et c'est ce dernier impératif, tellement lancinant, qui finit par l'emporter.

Moi je. Je pense personnellement que. Sous mille et une formes, le discours anonyme nous fait clamer « moi c'est moi ». On se souvient de la fameuse tautologie de Fabius, prétendant se distinguer de Mitterrand : « *Moi, c'est moi ; lui, c'est lui* », — comme si le « moi » du Premier ministre avait pu être nommé pour une autre raison que pour exécuter la politique du « lui », du Président ! Mais la formule demeure intéressante en ce qu'elle décrit très bien l'illusion individualiste, c'est-à-dire cette vaine croyance en une globalité autonome et irréductible de l'individu. Dire « je », ce n'est pas (pas toujours, pas seulement) exprimer un moi qui préexisterait absolument à son expression : dire « je », c'est bien plus souvent tenter d'affirmer par le pronom l'identité d'un moi problématique, auquel on essaye de rapporter un certain nombre d'attributs impersonnels (mes objets, mes opinions, mes sensations, mes fonctions). Une trop grande proclamation du moi n'indique en général que le vide de la personne. Corrélativement, flatter l'individualité des gens, c'est vouloir, pour mieux les conditionner, leur dissimuler l'idéologie anonyme par laquelle on les fait agir. Une foule de situations quotidiennes le montre.

La plupart des jeux et concours offrent aux individus la

possibilité de se distinguer. En grosses lettres, on leur pose des questions simples, pour tester leur savoir. En petits caractères, on indique que les candidats ex aequo seront départagés par tirage au sort. Leur envie de gagner, pour se sentir reconnus, suscite de multiples réponses ; la facilité des réponses produit des milliers de bulletins ex aequo. Ce sera donc le hasard, et lui seul, qui choisira les élus. Illusion individualiste : chacun a cru se sortir par lui-même du grand nombre, mais c'est le sort qui désigne les individus plus « méritants » que les autres. Mais qui l'ignorait *réellement* ? Le public n'est-il pas persuadé, *au fond*, qu'il n'a pas d'influence sur les choses et que le hasard régit le monde ? On s'en remet à la fortune faute de prise sur la société ; c'est de l'aliénation librement consentie[1].

Cœur, santé, affaires : rubriques horoscopiques valables pour tous, où s'enferment et se fondent les identités. Chacun se reconnaît semblable aux autres dans le simple choix des critères qui définissent une existence.

Qu'est-ce qu'être soi-même, dans un monde où l'émotion la plus spontanée subit la loi mimétique des applaudissements préenregistrés ? Où vous avez d'autant moins à être singulier qu'on cultive votre différence avant que vous ayez à la réfléchir, en vous proposant, comme pour les gammes de voitures ou les maisons en série, des options dites personnalisantes dans des modèles uniformes ?

La « personnalisation » des gens par le produit, objectif premier de la publicité, trahit quotidiennement leur absence d'originalité réelle. Mais la publicité n'est pas la seule à fournir aux gens de la personnalité de surface. La foule d'interviews que nous lisons chaque jour débordent de schémas conformistes, d'autant plus impératifs qu'ils sont adoptés par des vedettes, stars, et autres célébrités. Souvent, les magazines choisissent une célébrité connue dans un domaine « sérieux » (un ethnologue, par exemple), mais l'interrogent à côté, sur le quotidien, de façon à faire authentifier par sa personne originale les phrases les plus banales du discours anonyme[2]. Ne serait-ce qu'en vertu des questions posées, l'idéologie sous-jacente à tout ce discours se ramène à un continuel « Voyez comme ils vous ressemblent ! ». Ils sont comme vous, soyez comme eux.

« Être bien dans sa peau » ! Objectif courant, formule répétée à tout venant, qui masque combien ceux qui l'emploient se sentent mal dans leur profondeur. Chacun va « s'investir » dans sa surface corporelle parce que, pense-t-il, le corps, ça, c'est moi, c'est le moi le plus intime, impossible à confondre avec l'être d'autrui : nos empreintes digitales ne sont-elles pas uniques ? Mais à en croire les revues qui le célèbrent, ce corps est assujetti au regard des autres qui, en permanence, le jugent, le comparent, le normalisent. Les jeux de la mode, les évidences de la médecine vulgarisée, les rubriques Santé/Hygiène/Beauté, renvoient sans cesse mon corps privé au modèle anonyme qui seul rend heureux. A lire ces rubriques, on est convaincu que l'individu n'est « bien dans sa peau » qu'une fois qu'il a revêtu le corps de tout le monde, ce à quoi servent les soins de beauté conseillés, balisés, programmés[3].

« S'éclater ». Verbe récent pour signifier la jubilation de l'être. Le « moi » semble atteindre le sommet de son éclat, alors qu'il ne fait que jouir de sa déstructuration. S'éclater, c'est briser sa coquille pour se projeter à l'extérieur de soi, preuve qu'on s'y sentait bien mal à l'aise. L'illusion consiste à trouver la plénitude du moi dans ce qui en est la négation. Comble de l'impersonnalité : je ne suis bien dans ma peau qu'à condition d'en sortir, en compagnie des autres qui « s »'éclatent avec moi.

« Prendre son pied » : autre version, plus narcissique, de la jouissance intime. Expression très imagée au demeurant. On ne peut s'empêcher d'imaginer la posture recroquevillée de l'individu, qui ne saurait prendre son pied, bien sûr, que pour en sucer le pouce. Cette posture solitaire, qui a tant de succès dans les propos quotidiens, est trop générale, quasi obligée, pour ne pas être une fois de plus un schéma conforme d'attitude privée. Ils prennent leur pied, à la même heure, devant les mêmes spectacles, alléchés qu'ils ont été, tous en même temps, par les mêmes bandes-annonces... Identité des postures, dans l'illusion d'une intimité originale.

L'individu croit vainement avoir fait la part du monde extérieur, sacrifié certains aspects de sa conduite externe au destin social, et pouvoir alors réserver le souci d'être à la sphère privée (vie intime, corporelle, personnelle, familiale, inter-personnelle). Mais ce noyau du moi qu'il pense inaliénable est investi de toutes les modes, de tous les modèles ambiants que les médias implantent dans ses réflexes. Et il nommera « vécu », innocemment, cette simulation des expériences d'autrui qu'on lui fournit comme succédané de vie privée[4-5-6].

Mais veut-il, réellement, *être soi* ? Il risquerait de se

déconnecter de la modernité. Travaillé par l'époque, il désire justement allier la chaleur apparente de l'anonymat à la sensation fictive de la différence. La volonté de réussir, l'art d'être heureux, qui semblent par excellence des vecteurs d'expression de la personne, ne sont-ils pas aussi les plus parasités par des modèles anonymes ?

NOTES

1. Certains jeux et concours exigent même, pour qu'on y gagne, qu'on se montre le plus impersonnel possible. Ainsi, on vous demande de désigner les quatre meilleurs joueurs d'un match de football (Carré d'as) : pour être sur la liste des gagnants possibles, il faut trouver les quatre noms qui ont réuni le plus de suffrages. Fantastique soumission de soi à la loi de la masse. Bien entendu, les bonnes réponses étant innombrables, les vrais gagnants seront désignés par tirage au sort. Ainsi, la part active, individuelle, du joueur consiste à se joindre au grand nombre. Et la distinction qu'il attend de sa personne sera uniquement le fait du hasard.

2. *Télé 7 Jours* célèbre une centenaire. Être centenaire, voilà qui n'est pas banal. Parmi les différents traits qu'on souligne, voici l'un des plus authentiques que la revue met en valeur : cette digne dame... adore porter un walkman !

3. Vous revenez de vacances ensoleillées, et vous nêtez pas bronzé. « *Comment*, vous dit-on, *vous n'êtes pas bronzé ?* ». Impossible d'expliquer que vous préférez l'ombre au soleil. Mais vous pouvez dire, sur un ton d'hygiène : « *Ma peau ne supporte pas le soleil.* » Ma peau a le droit d'être elle-même ; pas moi.

4. *Être bien dans sa peau. S'éclater. Prendre son pied.* On dira : toutes ces expressions, devenues courantes, ne correspondent pas forcément à ce que pensent ceux qui les emploient. La réalité vécue par les gens *sous ces termes* échappe alors (et heureusement) à la lettre de ce qu'ils signifient. Sans doute. Mais il n'en reste pas moins que :

— L'emploi quasi obligé et unanime de ces formules propage *à l'égard des autres* le modèle formellement inscrit en elles ;

— Le succès de telles expressions peut trahir, *aux yeux mêmes de ceux qui n'en ont pas d'autres*, la nature du bonheur éprouvé. Notre langage et notre réalité intérieure dépendent étroitement l'un de l'autre. Ici, le mot restreint l'expérience en en limitant la conscience.

5. On peut imaginer que le renouvellement du style « branché » exprime la variété et permet aux locuteurs de se différencier sans cesse, en distinguant leurs émois de ceux de la masse. C'est oublier que les nouveaux termes à la mode renvoient souvent aux mêmes modèles mentaux ou comportementaux. Ainsi, *j'hallucine* ou *je disjoncte*, comme *je m'éclate*, expriment un effet flash, une surintensité du vécu qui prend pour épectase de l'être un bouleversement qui déstructure le moi. En réalité, le renouvellement des expressions « branchées » trahit surtout le besoin de se sentir d'une époque qui ne cesse de changer : la peur d'être dépassé conduit à se jeter sur de nouveaux mots, ce qui a pour effet d'accélérer leur rotation. On ne sort pas, bien au contraire, de l'idéologie ambiante qui conduit à mimer anonymement l'époque anonyme.

6. Dans ces pages, et d'autres qui vont venir, on pourra suspecter de dualisme l'opposition trop facile que nous reprenons entre l'esprit et le corps. Pour supprimer toute ambiguïté sur ce point, précisons dès maintenant :

– Que nous n'ignorons pas combien le corps envahit de sa présence tout le psychisme humain, et réciproquement, et que nous savons bien ce qu'a d'artificiel leur dissociation ;

– Que néanmoins, l'objectivation du corps comme réalité autonome, indépendante de « l'esprit », non seulement est inscrite depuis des siècles dans la culture occidentale (à tel point qu'on la pratique dans l'énoncé même où on la récuse), mais qu'elle poursuit son expansion tant dans le discours médiatique (rubriques Santé/Hygiène/Beauté) que dans les approches fonctionnelles du corps (sportives, médicales, etc.). Qu'il s'agisse d'une analyse de sang ou de l'émergence d'une nouvelle ride sur mon visage, cette réalité objective signifie clairement à ma conscience que mon corps, c'est moi, mais qu'en même temps, « il » poursuit son cours biologique indépendamment de « moi ». Réciproquement tout ce qui, en moi, pense, désire, projette, décide, s'engage, se libère et qu'on peut appeler globalement la vie de l'esprit, sans doute subit l'influence de ce corps, mais en même temps lui échappe.

– Qu'il ne s'agit pas d'inférioriser le corps, d'en culpabiliser les sensations et les plaisirs, qu'on sait bien que la personne n'existe pas hors de son corps, qu'il n'y a pas même d'équilibre spirituel qui ne soit équilibre corporel, que « qui veut faire l'ange fait la bête, etc. », et qu'en somme, il n'y a pas tant à opposer le corps et l'esprit qu'à les distinguer pour mieux penser leur relation.

– Mais qu'il faut bien observer, dans cette perspective, que si le corps a été méprisé, rejeté, dégradé par les éducations puritaines qui ne voulaient voir que l'âme en l'homme, nous nous trouvons aujourd'hui dans un processus inverse où la survalorisation du corps s'opère au détriment des autres dimensions de la personne (sa réflexivité, sa sensibilité, sa recherche de sens, sa dimension politique et sociale, sa « parole » — toutes réalités qui nous paraissent relever de ce que nous nommerons vie de l'esprit). Dans cet essai, c'est contre *l'idéologie* du corps que nous nous élevons, en ce qu'elle nie la conscience libre du sujet. Contre le dualisme, chacun rêve de l'unité de l'être ; mais l'unité n'est pas l'unidimensionnalité, et il ne faudrait pas qu'à la place de l'ordre moral ancien, ce soit l'ordre biologique qui régisse dorénavant la conduite des individus.

13

L'ambition du « battant »

Gagner ! Être gagnant ou gagneur. Modèle de réussite individuelle, d'aventure originale, qui semble garantir à chacun la possibilité de sortir de l'anonymat, comme si la *possibilité* qui semble donnée à chacun était ipso facto la *réalité* vécue par tous !

Voici quelques extraits d'interview :

« — *Vous pensez à la défaite ?*

— Non, jamais. Je me dis que je vais gagner. C'est tout. Si tu te dis que tu peux perdre, l'autre commence déjà à t'imposer sa loi. Mais je pars du principe inverse : je me dis que je suis le plus fort. J'agis et je parle en conséquence (...) Certains matins, au départ, je suis très concentré. Je pense à mon « truc », je suis tendu et déjà dans la course. Ces jours-là, je suis capable de passer la journée sans parler à personne. (...)

— *Êtes-vous un sentimental ou un réaliste ?*

— Un réaliste. Je prends la vie comme elle vient, généralement du bon côté, sans beaucoup en profiter pourtant pour l'instant. Cela viendra plus tard (...)

— *Quand vous entendez le mot bonheur, vous pensez à quoi ?*

— A la réussite. A ce qui s'est passé pour moi depuis cinq ans. Je voulais réussir, c'est fait, c'est important. »

On aura reconnu... mais qui donc parle là ? Quel est donc ce « battant » ? Est-il suffisamment original pour qu'on le reconnaisse, ou ne fait-il qu'illustrer le discours interchangeable du gagnant moderne, qu'il soit champion de tennis ou de course solitaire, capitaine d'une équipe de foot ou d'une entreprise agressivement exportatrice, jeune loup politique ou « golden boy » de pointe ?

Il s'agit en fait d'un entretien de Bernard Hinault, qui remonte à fin juin 1979 (*L'Équipe* du 27/6). On voit que le modèle du battant n'est pas né dans les années 80 avec Bernard Tapie, même s'il s'est largement développé alors comme modèle anti-crise.

On ne niera évidemment pas les vertus intrinsèques des quelques individus qui vivent les aventures, défis ou performances diverses qui cautionnent ledit modèle. Simplement, elles n'ont pour but que de faire rêver. D'une part, ces vertus sont plus souvent surhumaines qu'humaines (mythe du héros au mental d'acier, qui n'a pas d'état d'âme parce qu'il n'a plus d'âme), d'autre part, leur orchestration médiatique leurre l'individu moyen : elle lui fait oublier sa condition impersonnelle en lui donnant l'exemple de ceux qui lui échappent ; elle masque l'évidence du terrible rouleau compresseur idéologique qui anonymise son mode de vie et de pensée.

Mais très vite, le modèle du « gagneur » se dégrade. Et il se dégrade du simple fait que, dans notre société commerciale, tous ces gagneurs sont aussi des gagnants. C'est le gain qui demeure, une fois passée la gloire du moment ; c'est *l'ordre du gain* qui gagne ! Dès lors, les individus sont appelés à imiter les gagneurs... en devenant des gagnants, et nous retrouvons à ce niveau tous ces jeux et concours où seul le sort (et non le mérite personnel) finit par décider. Gagnez ceci, gagnez cela... en collectionnant tels ou tels points... en renvoyant avant telle date tel bulletin qu'il suffit de remplir. Appels flatteurs, d'une fréquence accablante, qui emplissent les boîtes à lettres. On nourrit l'illusion de pouvoir sortir de l'anonymat, en maintenant les gens dans la logique de l'argent-roi. Et ça marche.

Une revue financière a pour devise : « Comprendre c'est gagner ». Pudeur et force de ces deux infinitifs, qui semblent proposer un idéal moral. Gagner ! Comprendre ! Belles perspectives pour nos jeunes ! Mais il ne s'agit que de gagner de l'argent. Et les capacités de l'esprit, loin d'être tournées vers la saisie des mystères du monde, sont ravalées à des objectifs financiers. Admirons cette formule qui *assimile* les deux verbes, et ne confère de valeur à « comprendre » que si cela devient l'équivalent de « gagner ». Réduction des esprits au plus vil des objectifs de l'esprit : la puissance.

Tous ces gagnants, au reste, que gagnent-ils ? Le cadre fonceur se prend quelque temps pour cette part de marché qu'il a conquise, l'homme d'affaires s'identifie glorieusement à son chiffre, mais l'un et l'autre demeurent les vains instruments de la loi commerciale, instruments dont on jette l'écorce dès qu'on en a épuisé la substance. Le destin du gagneur, en affaires comme en sports, c'est d'être vaincu un jour ou l'autre. Et la jungle capitaliste se constitue moins de ses quelques gagnants en voie d'épuisement que de ses innombrables chômeurs à l'énergie inemployée.

Faut-il s'en étonner ? Le triomphe des forts, appelés à sortir du nombre, implique toujours le rejet des faibles, renvoyés à l'anonymat. Il n'y a *quelques* gagnants que parce qu'il y a *beaucoup* de vaincus. La fragile réussite des premiers masque l'échec constant de tous les autres. L'idéologie de la compétition, dans quelque domaine que ce soit, est un piège à produire des cohortes de perdants[1]. Ce n'est pas dans la voie unidimensionnelle de la rivalité exacerbée que l'individu parvient à se réaliser lui-même : il ne peut qu'y perdre son âme. L'identité personnelle se forge dans bien d'autres domaines, et l'aventure authentique de l'être humain est le plus souvent intérieure.

Mais voilà : le mythe du conquérant moderne sert admirablement à flatter dans la masse le rêve anonyme et dégradé du gain : du *gain*, et non pas même de la victoire. Chacun essaie dérisoirement de se singulariser en tentant de gagner quelque chose quelque part. Ainsi se renforce l'ordre uniforme du gain qui régit les existences. Il est bon, il est légitime, il est impératif de désirer gagner. La « fortune », c'est le « mérite ». Et les rares élus qui gagnent, au Loto ou ailleurs, faussement sortis de l'anonymat, prouvent seulement que 99,99 % de leurs concitoyens y restent. L'avenir s'ouvre sur un essor considérable du nombre des laissés-pour-compte, puisqu'il n'y a désormais que les comptes qui comptent.

NOTE

1. Dans *La planète des naufragés* (La Découverte, 1991), Serge Latouche montre le tragique effet de cette loi au niveau planétaire. L'Occident pousse les pays du tiers monde à devenir des gagnants, eux aussi, dans la course économique mondiale. Mais compte tenu du modèle de développement prôné et du retard des « pays les moins avancés », ceux-ci sont voués à demeurer les éternels derniers. Le grand mythe du développement par la saine compétition maintient la suprématie des Nantis, en renvoyant à leur misère des milliards d'hommes. Le petit monde des gagnants produit la grande planète des exclus.

14

Nos combats en bandoulière

Faute de sens, on se cherche un combat. Nombre de personnes essaient de trouver ainsi une singularité, le modèle du « gagneur » se couvrant alors du mythe plus idéaliste du juste combat. Il est devenu courant d'entendre des hommes politiques, des présidents d'associations, des stars sur le retour, prétendre « se battre pour » telle ou telle cause. La nature de la cause importe peu : le simple fait d'énoncer les termes-clefs « je me bats pour » ou « mon combat c'est » suffit à légitimer l'action. On croit sortir de l'anonymat, on joue à s'engager, on obtient une minute de radio, on passe pour un battant, mais on s'épuise vite, et le combat cesse faute de battants... jusqu'à ce que d'autres prennent la relève pour une saison.

Mais il s'agit, la plupart du temps, d'une dévalorisation de la philosophie de l'engagement. Sous le règne de l'image de marque, on ne joue au combat que pour se donner le « look » du battant : fausse personnalisation, provisoire, pour entrer dans le sillage des gagnants de ce monde. Les pêcheurs à la ligne et les pacifistes, les chasseurs et les écologistes, tous proclament leur combat et ont droit, en son nom, à la légitimité du message audiovisuel. Les fumeurs ont leur combat, contre les totalitaires de la santé — et le public *comprend* cela. Les maniaques de la vitesse automobile luttent contre l'étouffement de l'individualité au volant. Les vendeurs d'alcools défendent la liberté de siroter : il suffit de dire « mon combat » pour ennoblir la cause des fourvoyeurs de l'alcoolisme. Montrez votre cuirasse et vos armes, on vous accordera l'image du juste combattant. Même le pourfendeur du discours anonyme a son combat qui suffit, aux yeux de son entourage, à justifier son activité dactylographique…

C'est ainsi que pullulent les combats isolés, sans que rien ne change au système anonyme.

15

Le bonheur exhibé

L'illusion individualiste ne triomphe pas seulement dans la rageuse fatalité de vaincre : elle investit plus encore la soif de bonheur privé. Il semble tellement évident qu'on va pouvoir enfin *être soi* chez soi. Enfin vivre à sa guise, librement. Enfin construire son bonheur.

C'est oublier que ce bonheur lui-même est programmé selon des normes valables pour tous. Refuser le bonheur à la mode, au nom d'un autre sens de la vie, serait refuser le bonheur même. L'adhésion aux modes n'est-elle pas l'une des conditions de ce bonheur ? [1]

Le bonheur moderne, avant tout, doit s'exhiber pour exister. Honte et malheur à celui qui ne participe pas, qui n'entre pas dans le jeu. Cela ressort de toutes ces émissions de variété où l'euphorie est de mise, où l'on ne voit que d'heureux élus (par le destin de la vie, par le hasard des jeux), applaudis par des publics hilares. L'euphorie publicitaire confirme, en précisant la seule origine possible de tous ces plaisirs : le gain, l'acquisition de produits, les jouissances de la consommation.

Ce bonheur affiché, extérieur, commun à tous les êtres de bonne volonté, est naturellement impersonnel. Chacun doit oublier ses petites misères individuelles pour entrer dans la jubilation collective. On fuit le « moi », on « s' »éclate ; mais cette projection de soi dans le bonheur anonyme rend intolérant à l'égard des récalcitrants, jugés trouble-fête. On leur rappelle, consciemment ou non, l'obligation de bonheur, sous des formes diverses, y compris celle de la sollicitude désintéressée. Remonter le moral d'autrui, c'est souvent l'empêcher d'expliciter son malaise : s'il analysait trop ses frustrations, on sentirait peut-être qu'on les partage. Dès que l'autre m'avoue son vide, il risque de me révéler le mien.

Ce bonheur, impératif, exige simultanément l'adhésion à l'époque. « *Pourquoi êtes-vous heureuse ? — Parce que je vis dans le présent* » (Vanessa Paradis, interrogée par Roger Gicquel). L'appel de l'instant, le besoin d'être saisi par l'époque, d'épuiser l'actuel, de ne pas manquer l'événement, de rejoindre les autres là où ça se passe, d'entrer dans la grande émotion collective (fût-elle tragique), tout cela constitue le vécu intense, immédiat, de l'homme moderne, d'où l'absence de recul sur la qualité du bonheur recherché. Le sujet difficile, qui refuse d'être happé par le flux, ne peut que sombrer dans la réflexion morose, le mécontentement politique ou l'archaïsme syndical.

Le bonheur exhibé a donc aussi pour effet de *faire taire*. On le vit ou on le refuse, c'est tout. L'expression réelle de soi, qui suppose l'interrogation sur soi (sur les autres, sur la vie, sur le mal être comme sur le vrai bien), est bâillonnée dès le départ. L'individu ne croit pouvoir vivre que le divertissement commun à tous, ne se nourrir que des consommations qui euphorisent les autres, n'avoir d'identité que dans la mesure de sa conformité. Le « moi » moderne est précisément vide de tout ce qui l'emplit.

Mais voilà : le danger de la prise de conscience est toujours là, d'où le caractère panique de ce faux bonheur, cette plongée dans l'actuel pour se fermer au futur. Tous les impératifs de bonheur anonyme sont des impératifs présents. Après nous, le déluge ! Les inquiétudes sur l'avenir, la planète menacée, les retraites hypothétiques, l'épouvantail du chômage, la détresse de milliards d'humains, tout cela est annulé par le mythe du progrès ou accepté par le sophisme de l'inéluctable. On ne veut pas voir ce que l'on sait, et ne pas savoir ce que l'on voit. On fuit en avant, non sans rester sur place. Une sorte de fatalisme fébrile sert de toile de fond à l'hédonisme à court terme de l'individu secrètement désemparé. Devant la rigueur des temps, le discours ambiant le renvoie ardemment à l'urgence du bonheur manifeste, à la saisie de « moments » sur lesquels il se figure avoir prise. Bien vite, ce tableau de la rigueur des temps devient nécessaire à la légitimation de l'hédonisme privé : on a besoin de la crise planétaire pour se sentir bien dans sa peau chez soi. Et l'individu se soumet à l'époque d'autant plus volontiers qu'ils se croit maître de sa vie privée ; il cultive les plaisirs à la mode, il s'adonne aux sensations du jour et la boucle est bouclée.

Car ce bonheur exhibé, collectif, impératif, d'autant plus anonyme qu'il fuit la conscience de soi qui le dissiperait, ne peut résider que dans la sensation brute, instantanée, toujours renouvelable. Ce sont les publicités qui nous apprennent à fonder nos plaisirs sur des sensations et notre bonheur sur des plaisirs. Il s'édifie une sorte de prêt-à-sentir collectif fait d'immédiateté des affects, d'adhésion corporelle à soi-même, de course aux sensations, et l'on pourrait dire, à la sensitivité même de la sensation. La sensation, signe indiscutable du moi[2]. On craque, on prend son pied, on plane, on est décoiffé, on cultive son épiderme. Le faux langage d'une personnalisation basée sur la somme des envies et des satisfactions éclate partout. Un étrange slogan a lancé la dernière Supercinq : *Envie de toi.* Dans cette incroyable formule, l'individu est littéralement réduit à une envie anonyme, à la pulsion possessive qui le traverse, alors que c'est le véhicule, en revanche, qui est gratifié d'une personnalité grammaticale (« *Toi* ») !

Ainsi, le triomphe de ce bonheur signe la défaite de la personne.

NOTES

1. Cf. *Le bonheur conforme*, F. Brune, Gallimard, 1985. Je ne puis ici que renvoyer à la totalité de l'ouvrage.

2. Le sportif n'est pas lui-même tant qu'il n'a pas « retrouvé ses sensations ». C'est que la sensation est le signe de *la forme*, et cette forme, base biologique, fonctionnelle, du bonheur, a l'avantage de dispenser de penser pour être heureux. La forme prépare aussi bien aux nécessités du combat professionnel qu'aux délices du plaisir privé, elle devient le tout de l'individu moderne. On le verra, tout ce qui exalte la part biologique du bonheur humain a la fâcheuse conséquence de réduire la part réfléchie de notre être, comme d'ailleurs sa spécificité individuelle.

16

« Plaisir »

Il fut un temps (avant les années 60) où il n'était pas légitime d'agir pour son plaisir. On devait être désintéressé. On n'avait pas la notion de gratification inconsciente. On ne pouvait être mû que par le sens du devoir ou l'esprit de service. Le terme même de « motivation », impliquant une détermination individualiste ou narcissique, n'était pas recevable. On ne pouvait avoir que des conduites hautement morales ou judicieusement rationnelles, ce qui conduisait l'individu à ramener la moindre de ses actions à des justifications hypocrites, fût-ce innocemment.

Enfin le *plaisir* vint et, avec l'expansion de ce mot, le droit d'être enfin soi-même, de penser un peu à soi, de libérer sa vie des aliénations du devoir impersonnel. Une belle illustration de cette libération nous fut donnée par le film *La vieille dame indigne*. Contre les morales oppressives, la généralisation de l'argument « plaisir », le statut public du mot, ont permis à toutes les formes de désir et de bonheur jusqu'alors illicites de recouvrer un droit de cité.

Mais bien vite, cette expansion libératrice s'est muée en unanimité normalisante. Le plaisir, omniprésent dans les publicités, est devenu non plus seulement un but louable en soi, mais le seul motif reconnu des conduites les plus diverses. Toute autre motivation ou justification apparaît désormais comme factice, hypocrite ou « vieux jeu ». Celui qui ne cherche pas son plaisir *comme tout le monde* ne paraît pas « normal » : il est *coincé*.

Il y a plus grave : en se répandant dans le langage, le mot « plaisir » a occupé tout le champ du bonheur, et ramené toutes les formes de ce dernier à sa mesure, c'est-à-dire au dénominateur commun hédoniste. Le bonheur ne saurait être qu'une somme de plaisirs bien identifiables, se rapprochant peu ou prou du prototype le plus célébré : le plaisir de la consommation. Placer le bonheur dans l'accomplissement d'une tâche, dans le sens (moral ou esthétique) d'une œuvre [1], dans le désintéressement d'une activité, cela n'a plus de signification : il faudra dire, pour vous en excuser, que cela est votre « plaisir ». Même dans l'ordre des émotions heureuses, le plaisir a chassé tous les autres mots qui renvoyaient à d'autres modalités (plus spirituelles) de bonheur : allégresse, extase, joie, agrément, charme, grâce (il est vrai que Mitterrand popularisa son « état de grâce »), béatitude, jubilation, ravissement, liesse, réjouissance, contentement, bien-être, félicité, enchantement, et nous en resterons là.

Bonjour Plaisir, adieu la Joie ! [2]

NOTES

1. Malheur à l'écrivain qui oserait dire qu'il écrit pour autre chose que pour son plaisir. Ce serait, ipso facto, gâcher celui du lecteur (qui ne saurait lire, lui aussi, que pour son plaisir instantané, et non pour son enrichissement moral). S'il est vrai qu'il y a un plaisir d'écrire, et une joie d'*avoir écrit*, il est permis de penser que certains auteurs s'expriment pour des raisons plus profondes : le désir bien sûr de forger leur identité par des œuvres (« *le style, c'est l'homme même* »), mais aussi l'exigence éthique d'ajouter leur modeste lueur à l'éclatante clarté de la conscience humaine.

2. Un ami lecteur me conseille de supprimer cette dernière phrase : « *Ça fait rétro-catho* », dit-il. Faudrait-il donc, dans l'analyse même du discours anonyme, pratiquer l'autocensure pour se conformer au ton de l'époque ? !

DÉMISSIONS DE L'ESPRIT

« L'esprit du jour. L'esprit frais.
L'esprit d'aujourd'hui. »
Fleury-Michon.

17

Coup de cœur

Le « coup de cœur » est à la mode. Qui n'a pas, ne doit pas avoir ses « coups de cœur » ? On consulte les personnalités sur les leurs, nous interrogeons nos familiers, nous proclamons les nôtres.

Au premier abord, il s'agit d'une bonne chose. Enfin la possibilité de s'affirmer sans avoir à se justifier, d'exprimer ce que l'on sent en échappant aux rigueurs du jugement rationnel, bref d'exister en totale indépendance de l'opinion d'autrui. A l'abri du « coup de cœur », l'individu moderne est enfin libre de ses goûts et de ses choix : précieuse expression, dont on comprend le succès dans le discours quotidien.

Mais ce succès même invite à la circonspection. Le coup de cœur se répand trop. Ici, la responsable de la rubique « Livres de l'été » fait à l'intention de ses lectrices la liste des romans pour lesquels elle a éprouvé des « coups de cœur » : les a-t-elle réellement sélectionnés après de multiples lectures ? Là, un hebdomadaire effectue un sondage auprès de son public : il s'agit, parmi un certain nombre d'émissions ou de films, d'élire par coup de cœur celui ou celle qu'on a préféré. Dans tel catalogue de vente par correspondance, divers produits sont estampillés, page après page, par des petits cœurs bien rouges : c'est la directrice commerciale en personne qui recommande à ses fidèles clientes ces meilleurs choix. On n'arrête pas les « coups de cœur ».

Ainsi, le cri sensitif et singulier par lequel l'individu semblait proclamer sa différence, récupération aidant, se mue en injonction d'aimer sans raisonner. Voici rétabli un goût majoritaire auquel chacun doit se rallier. Voici le « je » ramené dans le camp du « on ».

Faut-il s'en étonner ? Le recours au cœur n'est pas innocent : il sert à circonvenir l'esprit critique ; on peut se souvenir à ce propos de la regrettable banalisation de l'aphorisme de Pascal qu'on trouvait inscrit au fond des cendriers : « *Le cœur a ses raisons que la raison ne connaît pas* ». Mais ici, il y a davantage : c'est le *coup* de cœur qu'on valorise, c'est-à-dire l'impulsion soudaine, impensée, irrésistible, qui coupe court à tout jugement, ou plus exactement, qui se justifie d'elle-même. Puisque le cœur parle, on est dans la vérité du vécu. Dès lors, les autres auraient mauvaise grâce à s'opposer. Le coup de cœur est trop « vrai », trop « nature », trop « sincère » pour supporter d'être vécu solitairement. Il appelle l'adhésion. Il rend coupable la sécession. A partir de là, on jugera licite, au nom du coup de cœur, de demander aux autres n'importe quelle ratification.

J'aime/J'aime pas

La rhétorique du « coup de cœur » se complète naturellement par celle du coup de colère, l'ensemble donnant lieu dans le cadre des interviews publiques ou privées au jeu du « j'aime/j'aime pas ». L'individu moderne est convié, pour livrer le fond même de son identité, à faire la liste en vrac de ses goûts et dégoûts. Dans l'interview déjà citée de Stéphanie de Monaco, on trouve dans un encart cette profonde approche de sa personnalité :

J'AIME

- *tous les tons bleus*
- *les coupes au carré bien nettes, comme celle que je porte en ce moment*
- *dormir*
- *jouer avec mes chiens*
- *regarder la télévision*
- *les vêtements d'Yves Saint-Laurent*
- *les gens qui se battent pour leurs idées, qui vont de l'avant*
- *traîner le matin en peignoir*
- *tous les sports aquatiques*
- *le soleil*
- *me parfumer très largement*

JE DÉTESTE

- *le froid et la pluie*
- *la presse à scandales*
- *les rouges à lèvres trop vifs*
- *faire les choses à moitié : je m'implique toujours à fond*
- *les plats en sauce et les desserts*
- *avoir les lèvres gercées*
- *les sports en salle*

Non seulement cette déclinaison se réduit à l'ordre du *sentir*, mais le fait de sentir est lui-même ramené à l'impulsion immédiate, sans raison et sans histoire, sans ordre et sans hiérarchie, quelle que soit la nature des objets qui le sollicitent. Surtout pas de structure élaborée, de jugement fondé sur l'expérience et la conscience. La personnalité, limitée à la sensation du moment, est donnée comme une nature toute faite, à prendre en bloc, dans la richesse supposée de son désordre, qui est sa vie même.

Il y a de la défense inconsciente, dans cette projection d'un moi libre d'aimer et de détester : ne cherchez pas de pertinence dans ce bloc de goûts et dégoûts qui me constitue ; je suis à prendre ou à laisser, vous n'arriverez pas à me démonter en cherchant la trace d'une détermination sociale ou l'esquisse d'une organisation personnelle ; je suis moi, je suis sans structure (la structure c'est la mort, et moi je vis !), je suis ce feu d'artifice de coups de cœur et de colère.

A y regarder de près, on s'aperçoit toutefois de l'extrême pauvreté de ces goûts et dégoûts. Pauvreté des centres d'intérêt (la mode, le vêtement, l'apparence ; le sport, le temps qu'il fait ; la petite vie chez soi), avec répétition des thèmes (j'aime les tons bleus, par les rouges vifs ; j'aime le soleil, pas le froid et la pluie ; j'aime les sports aquatiques, pas les sports en salle). Font exception les deux jugements « moraux » : j'aime les gens « *qui se battent pour leurs idées* », « *je m'implique toujours à fond* ». Mais là encore, il s'agit moins de questions de fond que d'une affaire de style : ce ne sont pas les « idées » qui comptent, mais l'allure « battante » de ceux qui « vont de l'avant » ; « s'impliquer à fond », de même, renvoie moins à une morale de l'engagement qu'à une modalité sensitive et active d'adhésion au moment présent.

Les séries de « j'aime/j'aime pas » impliquent ainsi que l'individu ne se construise pas : il se constate. Chaque matin, à toute heure du jour, il vit son identité comme le fruit d'une génération spontanée, mystérieusement produite durant son sommeil. Il est perpétuellement malléable aux sollicitations diverses, médiatiques surtout, venant flatter dans le désordre ses goûts et dégoûts. En lisant les coups de cœur de Stéphanie, la moindre lectrice est conviée à se définir de même, à vivre des impulsions sans leur chercher de sens, à flotter à la surface de sa personne sans rien y choisir ou y structurer. Elle pourra opposer des goûts différents à ceux de la princesse : cela n'importe pas, c'est le mode d'être qui est ici normalisé.

Tout se tient dans le discours anonyme. Le désordre des « j'aime/j'aime pas », dans sa façon de tout niveler et banaliser, est facile à rapprocher du désordre similaire des journaux audiovisuels. Priorité du dramatique sur le cognitif, mise au même plan des rubriques, grossissements en direct d'aspects partiels du réel, refus de l'analyse logique[1], qui pourtant montre les liens entre les choses.

Le règne du coup de cœur conduit chacun à se vivre comme un ensemble chaotique d'événements quotidiens, de même que l'empire des « infos » invite l'opinion à ne réagir qu'impulsivement, affectivement, aux réalités du monde contemporain.

NOTE

1. Dans les articles destinés au grand public, dont le titre s'appelle d'ailleurs « accroche », il ne faut pas trop *structurer*, ne pas faire didactique. Sus au papier dont le titre et les sous-titres exprimeraient posément, aux yeux du lecteur, l'ordre d'une pensée ! Le didactique, « c'est chiant ». Ce qu'il faut, c'est des titres-slogans, des inter-titres qui accrochent et raccrochent, et non pas qui éclairent. Il faut faire frissonner tout de suite, et, même dans les textes d'analyse, privilégier la tonalité sensitive aux dépens de la progression logique.

18

La déraison heureuse

Il ne suffit pas à notre époque de glorifier l'ordre de la santé physique, comme lieu du bonheur et instrument de la performance. Il ne lui suffit pas de cultiver les coups de cœur et autres formes d'abandon de l'esprit aux réalités sensibles et aux opinions dominantes. Il lui faut encore célébrer directement le culte de la Déraison.

Les publicitaires ont leur responsabilité dans cette affaire. Au lieu de se fatiguer à mystifier la conscience, leur but n'étant pas de faire réfléchir mais de faire acheter, ils ont trouvé plus simple d'exalter comme normales les conduites les plus démentes. Aussi ne cessent-ils de persuader la foule qu'il est bon, qu'il est moderne, qu'il est épanouissant, et suprêmement joyeux, de se livrer au grand vent de folie qui régit désormais les hypermarchés aussi bien que les relations intimes. C'est fou, c'est super, c'est génial, c'est dingue, craquons tous ensemble, trois jours de folie ici (on brade !), des prix déments là (durant quatre jours). Les spots et vidéo-clips, de plus en plus, mêlent fantasmes et déraison, chaos et langueur, dans un désordre rythmé où le délire au désir se fond. Tout peut être célébré, puisqu'il est *positivement* déraisonnable de désirer. La moindre rationalité dans la conduite d'achat fait figure d'austérité insupportable. Le pulsionnel collectif balaye la raison solitaire.

Mais ce culte de la déraison déborde la publicité qui l'a développé. Il concerne l'ensemble de nos bonheurs privés et traverse tout le discours ambiant. Dire « c'est dément », « c'est dingue », c'est maintenant valoriser des situations, des plaisirs, des conduites forcément positives. L'idée même de bonheur, notamment chez les jeunes, implique l'oubli de soi, la fuite du réel, la méfiance à l'égard de ce qui est sensé. On s'habitue à penser que la vie quotidienne est triste, laborieuse, limitée, et que la joie ne peut être que de s'éclater ailleurs, hors de soi, hors de la conscience de soi. Paradoxe d'une société qui veut *réaliser* le bonheur de ses membres et les persuade que celui-ci se trouve dans la fuite de la réalité ! Conception schizophrénique de l'existence. Il suffisait à Pascal de décrire les divertissements humains comme fuite du réel, pour que cette description semble, en tant que telle, critique. Aujourd'hui, le même constat, non seulement paraîtrait indifférent aux gens heureux de ce bonheur, mais encore aurait l'air à leurs yeux d'un mode d'emploi louable pour atteindre l'euphorie par l'évasion. Être heureux, c'est s'envoyer ailleurs, même si l'on reste sur place. Plus on est de fous, plus on est normaux : telle est la devise de la déraison heureuse[1].

Ce culte de la déraison, notons-le, n'a rien à voir avec le classique éloge de la folie : cet éloge ne malmenait la raison trop obtuse que pour l'empêcher d'être suffisante, d'ignorer le singulier, de nier le mystère. La bonne folie n'était justement qu'un garde-fou contre la logique grégaire et platement réaliste : grâce à son arme maîtresse, le paradoxe, elle opposait la conscience originale, l'authenticité du rêve humain, à la dictature de l'opinion commune. La Folie célébrée par Erasme était, en vérité, l'alliée de la véritable Raison.

Au contraire, la folie douce à la mode exalte la démence collective comme heureuse, désirable, partagée, et donc naturelle. On peut donc s'y livrer sans avoir l'impression de mentalement déchoir, même si l'on abdique tout esprit critique[2]. Chacun fuit sa vérité singulière dans le vécu euphorique d'une époque tellement « dingue ». On vit ensemble des fantasmes authentifiés par le fait même d'être vécus ensemble. Il suffit à la folie d'être collective pour devenir ipso facto raisonnable. Il suffit à la raison d'être minoritaire pour sembler subitement anormale[3].

NOTES

1. Interview caractéristique : une jeune fille, qui se dit « possédée par le rock », explique qu'elle peut enfin s'oublier elle-même en entrant dans cette musique. Elle précise un peu plus loin qu'elle retrouve alors « ses pensées profondes ». On se demande comment elle peut retrouver ses « pensées » en s'oubliant elle-même ; apparemment, cette contradiction lui échappe. Mieux : la plupart des candidats au baccalauréat, qui ont eu à disserter sur ces propos, ne l'ont pas vue non plus. Pour eux, « penser profondément », c'est flotter délicieusement dans l'apesanteur d'une inconscience collective. Les uns ont besoin du rythme pour parvenir à « planer » ; aux autres, il faudra la drogue. Mais tout le monde est d'accord : il faut planer. Petit problème actuel : comment lutter contre l'absorption de stupéfiants par une minorité, lorsque la société dans son ensemble trouve sain de planer, cherche à « s'envoyer en l'air », et confond le bonheur intérieur avec le délire collectif ?

2. Le culte de la déraison a ses justifications théoriques : c'est la fameuse découverte de l'hémisphère droit du cerveau, lieu de l'imaginaire, de l'intuition, de l'irrationnel, etc... C'est là la part artiste de la nature humaine, il ne faut pas la censurer, disent les revues de vulgarisation, pour aussitôt légitimer aux yeux des lecteurs les conduites de folie douce qui rendent si dociles les citoyens de la société de consommation.

Sans nier la part d'irrationnel qui nous habite, et peut nourrir la créativité artistique, on notera qu'elle n'a de fécondité que maîtrisée par l'esprit. Seule la conscience rationnelle est capable, en nous-mêmes, de discerner l'apport positif de l'irrationalité, de l'ordonner, et de lui donner sens.

3. On trouvera bien d'autres exemples de la destitution de la Raison comme principe de conduite humaine, au nom du cœur ou du corps. Ainsi, ce slogan d'Elf-Aquitaine : « *La passion a toujours raison* » (toujours ?), avec sa digne référence à l'antithèse classique. Ou cette conclusion d'un éditorial de la revue *Ça m'intéresse* (nov. 91) : « *En découvrant la façon dont le corps influence le cerveau, on se prend à rêver que les hommes écoutent mieux les raisons de leur corps, c'est-à-dire celles du cœur* ». Réduction du cœur au corps, primauté de l'ordre biologique sur la vie de l'esprit : claire leçon de philosophie ambiante (cf. à ce sujet la note 6 du chapitre 12, et l'ensemble du chapitre 24).

19

Opinion double

L'hédonisme régnant donne à penser et à dire que le bonheur est à la portée de tous. En même temps, chacun est persuadé par le traitement des informations que le réel qui nous entoure est toujours en crise, ce qui justifie son éventuel malaise d'Occidental.

L'individu moderne, on l'a vu, ne se croit jamais tant lui-même que lorsqu'il mime les conduites dominantes. Il se sent *soi*, il se sent *on*, dans le même mouvement. C'est plus que de la double-pensée, c'est du double-vécu.

Une fréquence dissonance interne, qui n'arrive toutefois pas à la pleine conscience, consiste en ce que chacun a la certitude d'être libre tout en ayant l'intuition, non moins certaine, d'être tout à fait programmé. Plus d'un consulte fébrilement son horoscope pour savoir, très librement, ce qui va lui arriver. Plus généralement, l'opinion cultive alternativement sa foi dans la Science et sa passion de l'irrationnel. Pour avoir conscience de la contradiction et la dépasser, il faudrait apprendre à penser en prenant distance du chaos de « l'époque ».

L'opinion est ainsi pénétrée, traversée d'innombrables informations, croyances ou valeurs contradictoires qu'elle absorbe sans sourciller comme également vraies et valables. En voici d'autres exemples.

Il est courant d'entendre dire que la publicité est très dangereuse pour les enfants. Le public le croit. Il croit aussi, sans problème, que la publicité est vraiment faite pour plaire et faire rêver les enfants.

Il est bon de répéter qu'il faut vivre vite, au rythme de l'époque. Il est aussi fréquent de dire que l'époque ne nous laisse pas le temps de vivre (et à plus forte raison, de réfléchir).

Dans une émission de variétés qui fait partie du *Star system*, on fait l'éloge de Jacques Brel qui, justement, ne s'était pas laissé prendre au piège du *Star system*. Même contradiction dans un article faisant la publicité d'un best seller, où l'on peut lire : « *Chaque année, un auteur éclate de façon inattendue et sans publicité tapageuse, son livre devient un best seller* » [1].

Très généralement, le monde des médias critique la superficialité des médias, ce qui garantit l'authenticité des médias. Au reste, dans notre société dominée par le « look », on ne cesse d'appeler à la vertu d'authenticité. Nostalgie, ou double langage ? Commerce, commerce tout bonnement : ce qu'il y a de formidable, dans l'authenticité, c'est qu'elle se vend très bien. Il faut jouer « la carte de l'authenticité ». Une publicité de textile annonce : « La mode de l'authenticité »...

Des données absolues prouvent que l'individu moderne devient de plus en plus intelligent. Des constatations non moins évidentes montrent la croissance de ce qu'on appelle la débilité du public.

Des millions de personnes se sentent personnellement flattées, en ouvrant leur courrier quotidien, par les messages « personnalisés » que leur adressent les ordinateurs modernes des entreprises de publiportage.

Nous sommes dans une société où le racisme menace partout, sous toutes les formes. Nous sommes dans une société où l'antiracisme n'a jamais été si intense, même s'il s'agit de l'antiracisme fusionnel des gentils jeunes, fruit du rock et du coup de cœur [2].

Le sens de l'écologie croît, les ravages causés à l'environnement aussi. Dénonçant l'étouffement de l'esprit par les bons sentiments écologistes, B. Vaudour explique la duplicité du public en voyant dans l'individu moderne un être bicéphale : « *Une tête pense la nature, protège, défend le milieu, désire l'intégration en douceur, espère atteindre à la convivialité, etc. Une seconde tête pense l'adaptation, le travail, le salaire, le confort, l'efficacité, la rapidité* » [3]. L'idéologie ambiante empêche justement l'opinion bicéphale de *faire le lien* entre ces deux têtes, et d'en tirer des conséquences.

Tout est valable, tout est nul, tout est égal

Il n'y a pas que des données brutes, et contradictoires, qui sont acceptées comme également convaincantes par l'opinion : il y a les « valeurs » les plus opposées. Le coup en Bourse, le chèque au Téléthon : tout est valable. Le mythe de l'homme d'affaires nécessairement féroce voisine avec l'idéal de la générosité la plus désintéressée. L'abbé Bernard et Pierre Tapie. Tout est valable, tout est égal. Et pour ceux qui sentent la contradiction sans parvenir à la penser, cela deviendra : tout est nul.

Alain Finkielkraut a bien montré la désagrégation de l'idée même de la culture, liée au règne du « tout se vaut » dans le domaine culturel, qui met au même plan la coupe d'un « jean » et un essai philosophique, une paire de bottes et l'œuvre de Shakespeare[4]. Mais c'est le domaine entier de l'éthique qui se trouve miné et *annulé* par le vent pernicieux du « tout se vaut », et la fantastique dépossession d'esprit critique qu'il opère dans le public. Trois éléments au moins (parmi d'autres) favorisent ce regrettable courant idéologique :

C'est d'abord le mythe d'un « monde en mutation ». Non pas, bien sûr, que notre monde ne change pas. Mais l'incessante référence, dans le discours anonyme, au monde « en mutation » sert d'alibi et de justification à toute conduite, toute situation, toute « dérive » (autre mot si positivement connoté). L'étalement urbain de la pornographie, la célébration cinématographique de la violence, la glorification de la perversité (dans l'exploitation des faits divers), toutes sortes de complaisances journalistiques ou non, se trouvent légitimés par le recours au mythe du monde en mutation. Tout ce qui est nouveau doit être montré, tout ce qui est montré est louable, tout ce qui se fait doit pouvoir être fait. L'éthique n'a pas son mot à dire. Il n'y a plus de distinction entre ce qui est humain et ce qui est inhumain, puisqu'on peut toujours montrer des hommes se comportant inhumainement. Comment l'opinion pourrait-elle raison garder ?

C'est ensuite la loi des signes médiatiques. Ce qui s'oppose au niveau du sens (la « morale » de Klaus Barbie et la charité de mère Térésa), une fois transformé en images télévisées, en visages télégéniques, peut très bien s'accorder, fût-ce par un montage de contrastes esthétiques, dans le perpétuel spectacle des médias et l'enchaînement de leurs rythmes. Qu'on le veuille ou non, chaque fois que la *valeur* se mue en *signe*, elle perd son *sens*, et donc, se banalise. Si l'on croit à l'action et à la foi de l'Abbé Pierre *à cause de son visage*, c'est à un visage qu'on croit, et non plus à l'authenticité de sa morale[5]. Un autre beau visage, bien filmé en gros plan, celui de Pinochet ou de Klaus Barbie, pourra paraître aussi crédible et émouvant, et emporter avec lui, sinon l'adhésion à leurs engagements, du moins une sorte de bienveillante indifférence à ce qu'ils ont fait. Tout est valable, et après tout, ces gens croyaient sans doute à ce qu'ils faisaient, n'est-ce pas ?

C'est enfin la logique de la fonction qui régit de plus en plus, nous semble-t-il, les orientations socio-économiques de notre société, et donc, l'idéologie qu'elle secrète. Ce qu'il y a d'ennuyeux dans l'esprit critique, dans l'autonomie des valeurs éthiques, c'est le frein qu'ils peuvent apporter à la grande course fonctionnelle où nous entraîne « l'époque ». L'irréductibilité de la conscience, l'opposition de la personne fondamentale, le « butoir de l'éthique », voilà les ennemis du discours anonyme et des courants impersonnels auxquels il faut se joindre. Plutôt que de dire ou de signifier qu'il n'y a plus de morale, ce qui semblerait négativiste et décadent, l'idéologie ambiante tente de faire croire que *tout* est moral, tout est *valeur*, et notamment ce qu'on affichera comme « signe des temps » de notre époque. L'opinion est ainsi travaillée à ne plus percevoir de contradictions dans tout ce qu'on lui présente, à tout accepter, à tout croire. Tout est culturel, tout est moral, tout est éthique, tout est esthétique, tout est banal, tout est positif. Mais il faut suivre[6-7].

Faillite de la critique, faillite de l'esprit.

NOTES

1. *Femme actuelle*, juil. 1990, p. 34.

2. Cf. le rapport de la Commission des droits de l'homme sur la montée d'une véritable « xénophobie de masse ». Le sondage fait à cette occasion montre qu'une majorité de Français est favorable à la lutte contre le racisme et, en même temps, qu'une majorité de Français fait état de sa « compréhension » à l'égard des discours d'exclusion (*Le Monde*, 31/3/92).

3. « Écologie et Écologismes », *Les temps modernes* nº 465, 1985.

4. *La défaite de la pensée* (Gallimard, 1987). Au moment même où A. Finkielkraut dénonçait cette banalisation du culturel, on voyait les chaussures Topy risquer le slogan suivant : « *Topy, or not Topy* ».

5. Il faut bien distinguer l'évidente bonne foi, la vigueur du discours et l'immense tâche accomplie par l'Abbé Pierre, d'une part, et, d'autre part, l'exploitation médiatique qui a toujours été faite de son image, comme pour donner bonne conscience à la société de spectacle. Il y a plus de trente ans, Roland Barthes dénonçait déjà l'utilisation mystifiante que Paris-Match faisait de l'iconographie de l'abbé Pierre, dans les *Mythologies* : en donnant aux lecteurs à consommer « les signes de la charité », on les dissuadait d'œuvrer à « la réalité de la justice ».

6. Que tout soit « valable » ne signifie nullement, en effet, que l'individu puisse indifféremment faire ce qu'il veut, mais seulement qu'il doit demeurer malléable, et ne pas opposer aux suivismes de l'époque une réelle résistance éthique. Tout est valable, mais les « valeurs » restent soumises à la fonction utilitaire, à l'unidimensionnalité des logiques économiques. Les valeurs ne sont que des habillages commodes, interchangeables. La valeur « libération » peut ainsi couvrir le commerce du sexe (Minitel rose), de même qu'on peut rappeler la valeur « fidélité » (amoureuse) pour freiner l'expansion du Sida, bien qu'il soit plus publicitaire d'associer la valeur « tendresse » au bon usage du préservatif.

Plus généralement, on a vu ces derniers temps se répandre la mode de l'éthique dans les milieux industriels et commerciaux ; certains ont cru tout à coup que l'entreprise redécouvrait la morale, alors que cette nouvelle phraséologie ne fait que couvrir une idéologie mercantile inchangée. En voici un exemple : Hewlett-Packard lance une offre d'emploi sur le thème « L'envie de se battre n'est rien sans la force d'aimer ». Ô la belle conciliation des contraires, l'étonnante synthèse entre valeurs classiques (l'élan, la passion, l'amour, la force) ! Mais voici l'explication concrète :

« Pour conquérir de nouveaux marchés en proposant des produits toujours plus performants et innovants, il faut se battre, découvrir et utiliser les matériaux et les techniques les plus en pointe, comprendre et anticiper les besoins des clients. Ce combat technologique est celui des hommes et des femmes de la direction mondiale de la division ordinateurs personnels d'H.P., installée au cœur de la région Rhône-Alpes. Pour le mener à bien, ils aiment leurs produits, leur travail et le risque... calculé ». (*Le Monde* du 7/4/92, p. 26).

Se battre *sur les marchés*. Aimer *les produits*. Où est l'éthique ? Les valeurs annoncées dans le slogan ne servent évidemment que d'accroche. On habille de beau langage les féroces réalités de la concurrence industrielle. Une photo illustrant le slogan nous montre, pour couronner le tout, une jeune femme à gants de boxe enserrant tendrement un punching-ball !

Mais parce que les marchands se mettent à vendre de l'éthique, les naïfs se plaisent à croire que le commerce se moralise...

7. Le règne du « tout se vaut » n'est ni une conséquence ni un avantage de la démocratisation, d'une part, parce qu'il n'empêche nullement les conformismes sociaux de régir les conduites, sous la houlette des propagandes, d'autre part, parce qu'il infuse dans la conscience collective un sentiment de perte des repères, un réel malaise de voir la dérive ou le sabotage des valeurs humaines, qui peuvent susciter de violentes réactions contre la démocratie elle-même, allant jusqu'à la recherche de boucs émissaires et à la radicalisation des racismes latents, et déjà manifestes. Dégoûtés par les mollesses fonctionnelles du « tout se vaut », les individus risquent de se jeter du côté des extrémistes qui leur fournissent des certitudes bien structurées, des « valeurs » pures et dures.

20

Le rire grégaire

A la fin du 20e siècle, à la télévision, on faisait entendre des rires préenregistrés, et les téléspectateurs riaient. On faisait entendre des applaudissements, et les spectateurs applaudissaient. Ce dispositif en vint à ponctuer toutes les émissions dites comiques. Et le public se montrait irrésistiblement hilare. L'audience était assurée, les tarifs publicitaires croissaient : les organisateurs d'un tel système avaient de quoi rire, eux aussi... On approchait *Le meilleur des mondes*, on le dépassait presque.

Eh oui, les rires préenregistrés, cela existe, *en ce moment*, et personne ne s'en étonne. Cela fait partie de l'époque ; il doit y avoir de bonnes raisons ; c'est donc tout à fait naturel. Il serait irréaliste de protester, puisque « les gens aiment ça ».

Cinq remarques, simplement :

1) L'usage de rires préenregistrés implique, chez ceux qui le répandent, une croyance absolue en l'imbécillité du spectateur. On croit devoir lui dire *où* il faut rire ; on craint qu'il trouve drôle ce qui ne l'est pas, ou inversement ; on l'infantilise absolument, il n'y a pas d'autre mot.

2) En lui indiquant où il faut rire, on lui indique surtout qu'*il faut* rire. D'une part, il serait déplacé de regarder impassiblement une émission programmée comme comique. D'autre part, les auteurs du scénario, sans doute peu sûrs d'eux-mêmes, veulent faire croire à l'infaillibilité de leur invention comique.

3) La manière dont on fait rire est notable elle aussi : le

plus souvent, il s'agit de s'amuser aux dépens de personnages qui, consciemment au non, s'écartent de la norme. Le rire préenregistré n'est pas le rire de Molière, rire critique qui châtie les mœurs en grossissant leur défaut : c'est au contraire le rire collectif qui punit, d'une risée sans appel, celui qui ne fait pas comme tout le monde. Y participer, c'est rejoindre la supériorité supposée du grand nombre sur l'individu isolé.

4) Précisément, le mécanisme inhérent aux rires préenregistrés suppose qu'il suffise d'entendre la collectivité rire pour la rejoindre. C'est parce que tous rient que je *dois* rire. Non pas à la suite d'un raisonnement, mais dans la spontanéité d'un réflexe mimétique. On suppose la dynamique du rire naturellement contagieuse. On table sur l'absence critique du téléspectateur seul devant son poste. On la cultive délibérément.

5) Dès que les gens se mettent à rire, dès qu'ils acceptent de se laisser traiter ainsi, ils renient leur intelligence singulière, ils entrent au royaume de l'anonyme, ils ne sont plus que *ces gens qui aiment ça*, — ce qui était l'alibi des programmateurs. Miracle des médias : la parfaite imbécillité du public, postulée au départ, est obtenue à l'arrivée ![1]

Le rieur, ainsi, oublie sa différence en croyant oublier sa solitude. Un rire fictif (celui de la bande sonore), anonyme, le traverse et déclenche en lui un rire réel, unanime. Il est constitué en public intolérant au moment même où il se figure atteindre par le rire une supériorité individuelle. Il renforce la loi de l'euphorie collective dont il est la victime. Un *autre* rit en lui-même, cet autre qui est l'image (débile) que se font de lui les programmateurs de telles émissions. Il est, littéralement, *aliéné*, et il l'est à un niveau réflexe, dans le déclenchement spontané, biologique, de son hilarité.

Le rire grégaire est un magnifique exemple, hystérique, de discours anonyme. Ce rire est le propre du mouton, non de l'homme[2].

NOTES

1. Ce qui est dit du rire pourrait l'être aussi des *gestes* anonymes, dans le champ des médias qui est celui du mimétisme généralisé. Gestes de cinéma, en principe imités de la vie, dont le « réalisme » viendra, après coup, de ce que les spectateurs les simuleront dans leur vie privée ! Gestes « expressifs » de la chanson, reproduits à *l'École des fans*. Gestes publicitaires, liés au mode d'emploi des objets, qu'il faudra mimer en consommant, si l'on veut « bien » consommer.

Une mention spéciale doit être accordée au mensonge quotidien du « play back ». Le chanteur qui se mime lui-même, en écoutant la bande sonore de son enregistrement, est aux antipodes de toute émotion, et il est censé, par son jeu de simulation froide et forcée, susciter l'émotion des auditeurs ! Comment ces derniers peuvent-ils ressentir quoi que ce soit, sinon en abandonnant toute conscience d'eux-mêmes, en se donnant la comédie inconsciente d'une adhésion à l'émotion collective ? Et le chanteur lui-même, est-ce bien ses expressions naturelles qu'il reproduit, ou ne couvre-t-il pas son chant des mimiques passe-partout d'un expressionnisme de pacotille, d'une sensibilité épidermique embarquée dans les rythmes d'époque ?

2. A l'opposé du rire grégaire semble se situer le rire de dérision, qui prend distance vis-à-vis de tous les faux-semblants de l'époque et du pseudo-sérieux des médias. L'individu est sur le chemin de l'esprit critique — du moins s'il va au-delà de la seule attitude de dérision qu'ont pu susciter en lui les comiques à la mode. Mais va-t-il au-delà ? La dérision jetée sur tout n'est-elle pas une attitude éphémère, vite récupérée par l'idéologie du « tout se vaut » ? Il manque à la dérision le sens du discernement, qui fait la part de ce qui est dérisoire et de ce qui ne l'est pas, et le sens de la résistance critique, qui empêcherait cette dérision d'être autre chose qu'une attitude mimétique de plus. Qu'est-ce qui empêchera l'individu de suivre la loi du nombre et les modes successives, s'il est partout répété que tout est également risible et dérisoire, et qu'il n'y a rien à opposer aux mimétismes collectifs. Le rire de dérision rejoint la dérision de l'époque en se donnant le soulagement fictif d'en prendre distance, mais il s'y fond bel et bien — et les talentueux Inconnus consacrent les mimétismes du Top 50 en voisinant sans peine avec les vedettes qu'ils ont pastichées.

21

Positivité à sens unique

C'est une nouvelle règle : il faut être positif. Dans quelque domaine que ce soit. On l'entend dire, on le répète aux autres, on se le redit à soi-même.

Être positif pour être heureux : ne voir que le bon côté des choses, le verre à moitié plein et non à moitié vide.

Être positif dans l'acceptation de la modernité : il y en a qui ne jurent que par les effets pervers du progrès au lieu de saluer les fantastiques réalisations de l'homme (Tchernobyl).

Être positif dans le jugement sur nos régimes et nos gouvernements : nous bénéficions tout de même de la démocratie, et puis, mettez-vous à leur place.

Être positif dans notre relation aux autres : la critique est trop facile, privilégions nos consensus.

Être positif dans notre rapport à nous-même, en pratiquant justement la « pensée positive », la confiance en soi par autosuggestion, qui évite de tomber dans la sinistrose publique ou privée.

Bien sûr, bien sûr, ce langage a ses raisons ; il se comprend notamment dans son usage thérapeutique ; on se doit de lutter contre l'hypocondrie chronique. Mais comme tout discours qui se systématise, il prend vite l'allure d'une idéologie, et devient contestable, non pas tant dans ce qu'il dit que dans tout ce qu'il nie ce disant.

L'impératif de positivité, lorsqu'il devient norme collective, engendre une inquiétante obsession d'autothérapie mutuelle.

On s'impose de ne voir le positif que pour nier l'évidence du mal. On développe un discours de cécité personnelle ou d'aveuglement réciproque qui, en cachant les symptômes de ce qui ne va pas, sous prétexte d'en atténuer les effets, nous ordonne une pernicieuse soumission au réel. Avec Carrefour, je positive ; avec Foucault (le philosophe), je négative.

Aussi la positivité accumule-t-elle les effets pervers.

Pour commencer, elle implique un refus maladif de distance par rapport aux choses. Tout ce qui existe apparaît nécessaire et légitime par la seule raison que cela est. Il faut accepter. A peine met-on en cause une réalité (la publicité dans le métro) qu'on vous terrorise d'un « Que mettriez-vous à la place ? ». Face aux systèmes économiques ou politiques, le discours critique ne peut émerger : l'absence d'imagination, la peur du vide, se liguent pour le faire taire. La positivité à tout prix est symptôme d'angoisse : ses tenants identifient trop la substance de leur être à la stabilité mal ordonnée du réel tel qu'il est. La moindre contestation les menace. La mise en question de l'ordre social, de la structure médiatique, des hiérarchies établies les atteint comme une négation d'eux-mêmes.

Pas de distance, pas de singularité. Le discours de positivité exige qu'on adhère au « réel » *avec les autres*. S'isoler du groupe est négatif, s'opposer au collectif est asocial. L'anticonformisme est répréhensible, et malheureux : c'est tarir en soi la source de plaisir qui vient de la positivité des relations, des conduites mimétiques, du bain narcissique des gratifications mutuelles. Honte à celui qui fait mine d'analyser le dessous du réel, de mettre à jour la part de système qui régit le social, de critiquer l'illusion d'existence que procure au public le miroitement médiatique ! Celui-là nuit à son harmonie personnelle autant qu'à l'euphorie des autres. Il est l'austère rabat-joie, incapable de *s'intégrer*. Il met en péril le consensus.

Aussi le lui fait-on payer. Par le ridicule, certes. Mais aussi par une insidieuse culpabilisation. On le taxe de négativité, justement. Toute critique est par essence négative. On le plaint (c'est plus « positif ») : il doit être « coincé » quelque part ; son inadaptation à l'époque est confondue avec une radicale inaptitude à vivre, c'est-à-dire à produire/consommer comme tout le monde[1]. Il ne peut être que *malade*, il est atteint de sinistrose. Sinistrose du syndicaliste qui se plaint d'une baisse de son pouvoir d'achat (quelle méconnaissance des marchés mondiaux !) au lieu de se réjouir d'avoir du travail ; sinistrose de la féministe qui déplore les images réductrices de la femme (qui n'a jamais été aussi libérée) au lieu de jouir des délices et des fantasmes de la sexualité ; sinistrose des consommateurs qui décrient la qualité des produits au lieu de profiter de la société de consommation (« *Vous préféreriez vivre au Sahel? A l'Est?* »). Résultat pratique : plus de militantisme. Le monde tel qu'il est doit vous satisfaire. Le militant n'est qu'un mal-content. Ou un pervers négatif[2].

L'exigence de positivité va plus loin encore : elle tente d'effacer tout mal de vivre. Le malaise d'exister, et d'exister dans *cette* société, malaise attesté par toutes les conduites d'évasion (dans la drogue ou ailleurs), ne peut être exprimé en tant que tel : il mettrait en cause tout notre système socio-économique. D'où l'impératif catégorique : soigne-toi ! Tout a forcément son remède dans notre monde, à notre époque. Le malheureux est celui qui, négativement, ne veut pas se soigner. Songeons qu'il y a des médicaments, des praticiens, des psychologues, des spécialistes de la vie, de la mort, de la vie après la mort, et du dialogue avec l'au-delà. Bref, tout ce qui canalise, dévoie ou empêche de poser la question fondamentale de l'être. Soigne-toi, sors, change-toi les idées, oublie ton cas dans le rythme médiatique ou la consommation-drogue, adonne-toi au culte de la déraison, adhère au délire positif des mécanismes socio-médiatiques ! Pas de métaphysique ! Ton tourment personnel empoisonnerait le bonheur collectif. Sois positif : emplis-toi du monde tel qu'il est, de l'époque telle qu'elle se fait. Sois en forme et tais-toi[3-4].

Pas de distance, pas de critique, pas de singularité, pas de militantisme, pas de métaphysique. O belle positivité où nous conduit le discours anonyme !

NOTES

1. La règle de positivité, dans la vie courante, est l'équivalent, en version « cool », de ce qu'est la règle de la performance dans la vie professionnelle (version « hard »). Mieux : la première soutient la seconde. Il faut être positif pour être utile, pour se rendre utile, et le plus possible. La positivité personnelle, c'est l'utilitarisme appliqué à la vie privée, la volonté d'être performant toujours et partout... comme si le meilleur service qu'on devrait rendre à notre société n'était pas de la désaliéner de ce culte de la performance.

2. Sondages sur les Verts. Parce qu'ils sont *engagés*, ils paraissent à une majorité de Français « *enragés* » (L'Express, 8 mai 1991). Le terrain mental qui explique un tel jugement, c'est évidemment l'idéologie de la positivité. Ce qui n'empêchera pas le public de se sentir l'âme écologiste en entendant parler de la planète menacée (opinion double).

3. Le souci de la forme, ce devoir envers soi-même autant qu'envers la société, appartient à la volonté de positivité. Sois en forme et tais-toi : ta forme elle-même doit être ton discours. Jette-toi vite dans le « body building ». Que les minables, les mal-contents, les puritains au front cadavérique s'écrasent devant l'éclat de ta peau, ton visage pétant de santé, ton bronzage imperméable et si utile aux décors modernes (sur le mythe de la forme, cf. le dossier de la revue de la MGEN, n° 135, avr. 91 ; apparemment nombriliste, le souci de la forme se relie à l'obligation sociale de se maintenir en état de fonctionnement utilitaire).

4. A l'affiche, les titres d'articles ou de revues qu'on perçoit de loin entrent pleinement dans le discours anonyme. Ainsi ce titre de saison, en septembre (91) : « *Retour de vacances : les chagrins d'amour, comment les soigner ?* » Que de sous-entendus idéologiques dans cette annonce ! *Vacances* : liberté d'aimer, épanouissement sexuel. *Chagrins d'amour* : certains passéistes se laissent prendre au piège de la libération des relations, ils aiment pour de bon des partenaires qui ne cherchaient que de brefs échanges sexuels. *Comment soigner* ? Qu'importe, ce dysfonctionnement a ses remèdes, car il *faut* soigner son chagrin. Le travail de deuil, vous n'y pensez pas ! On a des techniques, des médicaments, des anti-symptomatiques pour toutes les maladies. L'amour d'un autre être, la souffrance d'une âme ? Allons, pas de métaphysique !

22

« Un beau gros message de 600 grammes »

La qualité, c'est la quantité. Il n'y a plus de distinction spécifique entre ces deux concepts. Il ne s'agit plus de déplorer un monde socio-économique où la quantité prime la qualité. Il s'agit de constater à quel point, dans le discours ambiant, la notion même de qualité s'est réduite au substantiel, au computable, au quantitatif, et donc, a disparu en tant que telle.

On sait depuis longtemps que la loi de la marchandise tendait à imposer dans tous les domaines ce qui s'est passé dans l'ordre économique et commercial : la « réification » de la valeur. Eh bien, si l'on en juge par un certain nombre d'exemples du discours quotidien, c'est chose faite, et l'ordre quantitatif a envahi tous nos systèmes d'appréciation [1].

La qualité des sensations, par exemple, ne saurait être si elle n'est pas quantifiée. Voici un papier hygiénique Noky, dont l'emballage représente un sympathique ourson baignant dans les nuages. Que lit-on sur cet emballage ? Le slogan suivant : *Triple épaisseur, triple confort, triple douceur*. Qu'est-ce donc qu'une *triple* douceur ? Comment mesurer la douceur ? Est-elle « évidemment » proportionnelle à l'épaisseur ? Triple épaisseur, cela a un sens ; le passage au qualitatif, « triple douceur », est parfaitement absurde, mais ne choque personne. Le bonheur aux fesses, cela doit être mesurable. Moltonel, autre papier, offre un nouveau produit *« largement plus moelleux »*. « Largement », qu'est-ce à dire ?

La qualité professionnelle des personnes, depuis longtemps, obéit au même critère quantitatif, qui est celui du gain financier. Ce qui est nouveau peut-être, c'est le succès du verbe « peser ». Je ne *vaux* pas 300 000 francs par an : je *pèse* cinquante mille dollars. Telle multinationale *pèse* tant de milliards de chiffre d'affaires. Tel magnat de la presse *pèse* 53 % des actions de TF1 (ou X). Tel sportif, dira-t-on, pèse 9" aux cent mètres. Et ainsi de suite[2].

Les ouvrages de l'esprit n'échappent pas à la règle. Non seulement à cause de la primauté du chiffre à laquelle se soumet leur évaluation : taux d'écoute, nombre d'exemplaires vendus, compte des entrées, sondages et statistiques sur tous les goûts, opinions et jugements. Mais encore en raison du nombre de pages, du nombre d'heures, des kilomètres de pellicules, du volume concret occupé par l'œuvre, bref, de tout ce qu'on célèbre et qui n'a rien à voir avec la valeur spécifique — spirituelle, imaginaire, esthétique — de l'objet livre, film ou tableau. Récemment, un documentaire promotionnel est passé au petit écran sur le film *Les Amants du Pont-Neuf* (18/10/91) : tout était centré sur les obstacles matériels, l'investissement en temps et en argent que le tournage a nécessité, comme si de telles considérations quantitatives devaient nécessairement conduire le public à conclure à la qualité du film. L'œuvre d'art, de nos jours, est sacralisée *comme produit* ! Un animateur d'émission littéraire confesse (naïvement ?) son plaisir *physique* de tenir un livre en main : « *Je trouve prodigieux d'avoir ainsi 600 grammes d'un beau gros message* ». La sensation de palper l'emballage prouve la valeur substantielle du produit. L'extase devant le « concentré de sens » qu'est un texte rivalise avec la satisfaction du consommateur devant un concentré de jus de tomates[3].

Ce qu'on appelle la « communication », et tout ce qui s'y rapporte (journaux, publicité, médias, publics, animateurs) est quotidiennement évalué en termes quantitatifs (scores, pourcentages, impacts, segments, points), pour être plus aisément évaluable en termes commerciaux. On entend parfois de sympathiques perles, comme celle-ci, dans la bouche d'un grand spécialiste en publics et en cession de publics (aux appétits des annonceurs) : « *On ne vend pas une audience, on vend une qualité d'audience* ». Qualité qu'on mesure... on ne sait comment !

De temps à autre, on fait état d'éléments qualitatifs, il est vrai. Mais c'est pour les réduire au langage de l'addition arithmétique. Un terme fait rage : « un plus ». Ma compagne est jolie, mais elle a un don marqué pour l'aquarelle : c'est un « plus ». L'abbé Pierre est un homme de foi, mais en outre, il a une parole authentique à la radio : c'est un plus. Pour bien se vendre, sur le marché, il faut cumuler le plus grand nombre de ces « plus »...

Lorsque Bergson employa l'expression de « supplément d'âme », compte tenu de sa vision spiritualiste de l'homme, il s'agissait d'appeler l'âme à se dépasser elle-même : on ne quittait pas la dimension qualitative. Mais lorsque Chaban-Delmas, alors Premier ministre de Pompidou, s'écrie qu'il faut apporter à la société de consommation « un supplément d'âme », le contexte modifie tout, et l'on comprend que l'âme se réduit à un apport quantitatif dont il faut saupoudrer le gâteau de la consommation. Même quantification de l'intériorité lorsqu'on déplore le « déficit de certitudes » qui affecterait, dit-on, la jeunesse actuelle : on matérialise un manque qui, comblé, aiderait l'individu moderne à bien fonctionner socialement[4]. Faire de la « certitude » ou de « l'âme » des portions déficitaires, c'est les ignorer en les dénaturant. C'est n'en faire que des illusions de Sens propres à calmer, chez les gens, des restes d'inquiétude métaphysique qu'il ne faudrait surtout pas approfondir. Cette concession faite, l'homme moderne n'a plus qu'à exister dans l'ordre du quantitatif, de la performance mesurable, de la pseudo-qualité bien computable.

Ainsi pénétré par les modèles économico-monétaires ou scientifiques[5], le discours anonyme ne tient pour réel que ce qui est mesuré, compté, chiffré. Il identifie ce qui est « valable » à ce qui est comptable. Ce qui n'est pas mesurable n'est pas dévalorisé : cela n'existe pas, tout simplement.

NOTES

1. On peut renvoyer à *La société de consommation* de Jean Baudrillard (Gallimard, 1970). Tout ce qui y est écrit sur l'homme aliéné à l'ordre de la production/consommation s'avère réalisé vingt ans après. L'idéologie en marche à l'époque, malgré le sursaut des années 68, est devenu le lieu commun, « naturel » et répétitif, qui fonde le discours anonyme actuel.

1. On peut renvoyer à *La société de consommation* de Jean Baudrillard (Gallimard, 1970). Tout ce qui y est écrit sur l'homme aliéné à l'ordre de la production/consommation s'avère réalisé vingt ans après. L'idéologie en marche à l'époque, malgré le sursaut des années 68, est devenu le lieu commun, « naturel » et répétitif, qui fonde le discours anonyme actuel.

2. Dans les secteurs financiers, on ne compte plus en milliers de francs (1 000 F) mais en kilos-francs (K.F.) : cela a tellement plus de poids !

3. Alors que le livre, la revue, le journal sont traités comme de vulgaires produits, la société Belin lance un biscuit d'époque qui a nom « Édition spéciale ». L'ordre quantitatif, ayant assimilé la communication à une marchandise, considère logiquement les produits comme des médias...

4. A propos de l'Europe de Maastricht, on a parlé de « déficit » de démocratie !

5. Le MAUSS, Mouvement Anti-Utilitariste dans les Sciences Sociales, dont la revue paraît aux éditions de La découverte, a bien mis en évidence l'influence des conceptions utilitaristes à ce niveau. Dans *La planète des Naufragés*, ouvrage déjà cité, Serge Latouche montre, en faisant l'analyse critique du concept de « niveau de vie », comment l'idéologie du développement méconnaît toutes les dimensions sociales, culturelles, spirituelles des pays du tiers monde, ce qui explique la faillite d'un développement qui s'est voulu uniquement matériel et quantitatif.

23

Le plein et le creux

Palper du regard, toucher des yeux, s'emplir la vue.

Entasser à ras bords des produits dans un caddie.

« Faire le plein ».

Faire le plein, chercher du plein, n'aimer que le plein. Le plein du connu, du banal rassurant, le plein de ce qu'on croit savoir, en feuilletant des rubriques aux faits répétitifs, aux stéréotypes réitérés. Bourrer sa conscience d'un plein de réel, pour étouffer dans la conscience la question qui affleure, le vide qui menace, le creux que la vie creuse et qu'il faut sans cesse reboucher pour survivre.

Dévorer le quotidien, les quotidiens, les images bien pleines, les reportages cent fois vus, les films et romans-photos qui signifient l'époque, les événements qui dissipent les événements à la queue leu leu, et vous dissipent avec eux. Absorber les médias qui vous absorbent, fuir toute métaphysique dans la consommation d'un physique lourdement signifié.

Chaque fois qu'il y a du « plein la vue », dans les représentations de la modernité, c'est pour boucher du creux de l'être. Chaque fois qu'il y a de la boursouflure du « on », de l'Opinion, de l'idéologie anonyme, c'est pour camoufler le vide du « je », l'inexistence de soi. Chaque fois qu'il y a excès de réalisme, il y a défaut d'ontologie.

Bruit continu des médias, des infos, du monde événementiel confondu avec la vie. Fuite permanente de notre nuit intérieure, constellée de si rares lueurs. Débordements de sons et d'images, pratique du baladeur renforçant le « plein la vue » d'un « plein les oreilles », refus de distance vis-à-vis des choses dont l'individu a besoin de s'encombrer sans fin, panique d'une société se projetant dans le plus délirant divertissement pascalien (ah, cette guerre du Golfe, enfin un événement bien plein — une guerre, cela promettait ! —, et dont on n'a eu que des miettes, des parcelles d'images qui rataient « l'effet de plein » qu'elles visaient vainement, malgré le remplissage redondant des spécialistes !).

Discours du plein, en mal de métaphores matérielles et de grands mots mimant les grandes actions : « muscler notre appareil productif », « manager notre logistique internationale » !

Redondance et vacuité du discours anonyme. Esthétique des téléfilms. Consommer des sentiments bien gros et bien codés. Savourer des salauds qui ont l'air de salauds et se passionner, hebdomadairement, pour des bons qui ont l'air bons et beaux. Pas de vertige de l'âme, pas de fêlures du moi, mais des bons conflits d'intérêts familiaux, joués par des acteurs à la gestualité caricaturalement pleine, façon feuilletons américains mal doublés. Physique du fric, physique du drame épais, physique quantitatif : plein sexe, pleins sentiments, pleines scènes bien saignantes, adipeuses et suantes, — dans l'absence totale d'idée, de pensée, d'inquiétude véritable.

Dogmatisme du visible, du bien visible, du « ça se voit, non ? ». Le « vrai » ramené au « vu » (*L'envie du vrai*, dit une publicité de lait ou de fromage, mettant en scène une jeune femme désirant le produit bien en vue). Règne des évidences substantielles, pleinement et matériellement repérables. Mythe du vécu dramatiquement narré, bien charnel, bien galbé.

Techniques et esthétiques du plein. Dialogues creux de consistance, comme chargés d'émulsifiant verbal. Intensités, intonations appuyées, effets sonores, bruitages épais prouvant le réel. Procédé du ralenti qui détaille le plein de l'image, comme pour faire savourer, paradoxalement, la substance de la vitesse. Décors urbains, mythe d'une urbanité débordante, archi-vie de la ville (« y a rien à la campagne » déclare un enfant de ghetto), séquences-avalanches et rythme infernal des « scoops » qui font taire, dans la conscience du public, la parole silencieuse et interrogative de l'humanité qui songe. On/Off, génial/nul, plein/vide, substance/néant : alternatives absolues de la modernité, discours anonyme du tout ou rien, qui nous fait croire que la matière est l'unique dimension de la vie, nous fait confondre l'immatérialité avec le néant.

Monde qui fuit vainement sa vanité, monde qui « surfe » en refusant de voir les remous qui l'entraînent, monde qui ne supporte pas la Force du silence. Monde incapable d'*être*, tout simplement.

QUE ÇA FONCTIONNE !

L'homme a été inventé pour décupler
le pouvoir de la machine.

F.B.

24

« Fantasmer, c'est bon pour la santé »

Un candidat au baccalauréat, soucieux de passer pour bon élève, énonce cette étonnante phrase : « Il faut se cultiver l'esprit, pour pouvoir se sentir bien dans sa peau ». La formule associe admirablement l'impératif ancien à l'ordre nouveau. Mais en inversant la hiérarchie. *Mens sana in corpore sano*, vieil adage, supposait qu'on exerce le corps et l'esprit conjointement, pour permettre un total épanouissement de la partie spirituelle de l'être humain. Il s'agit au contraire ici, pour se *sentir* parfaitement bien dans *sa peau*, de concéder à l'esprit ce minimum d'occupation qui l'empêchera de venir troubler le corps. En somme, on doit neutraliser cette parcelle d'âme qui risquerait de causer, livrée à elle-même, un dysfonctionnement du corps. L'être humain est une totalité biologique dans laquelle le psychisme n'est qu'une fonction parmi d'autres. Le but de cette machine corps, régulée par l'organe cerveau, c'est de se constituer en ensemble de sensations agréables, rien de plus. La phrase du jeune étudiant n'était pas une formule malhabile, mais l'expression naïve de ce que « pense » en lui le discours anonyme.

En voici un autre exemple. Dans la rubrique Sexologie d'un hebdomadaire féminin, on peut lire ce titre alléchant : « *Fantasmer, c'est bon pour la santé* »[1]. Titre révélateur : dès l'abord, l'activité de l'esprit, autonome, risquée (le fantasme peut être la porte du délire) est ramenée à une utilité corporelle. Le sous-titre confirme : « *Il est tout à fait normal d'avoir des fantasmes. Ils sont même nécessaires à une vie sexuelle harmo-*

nieuse, insiste le professeur Z., psychiatre ». L'article en question définit alors les fantasmes comme projections imaginaires, mais il en réduit aussitôt le champ en les définissant comme « le plus souvent d'ordre sexuel ». Ils vont donc pouvoir servir à la dimension biologique de la vie amoureuse (comme s'il y en avait une autre !). Voici comment le texte déculpabilise les lectrices inquiètes de leurs fantasmes : « *Ces fantasmes sont nécessaires à une vie sexuelle harmonieuse, puisqu'ils contribuent à l'accession au plaisir (...) Seuls les sentiments de culpabilité et de gêne qu'ils induisent peuvent peser sur la sexualité. Ainsi, une femme qui se visualise en train de faire l'amour avec son père redoute l'inceste. Une autre, qui s'imagine être violée par un inconnu, craint de tomber dans le sado-masochisme. Enfin, certaines femmes ont le sentiment de tromper leur mari parce que, lors de leurs rapports sexuels, elles s'imaginent être dans les bras d'un autre homme* ».

Comme notre psychiatre a raison de déculpabiliser ! Comme le partenaire amoureux de ses patientes doit être heureux ! N'y a-t-il rien de plus harmonieux, de plus profondément aimant, que d'imaginer qu'on est dans les bras d'un inconnu qui viole, d'un père abusif ou d'un amant de passage, au moment où l'on étreint son compagnon ? Quelle communion amoureuse ! Quelle fusion métaphysique et éternelle entre les deux partenaires ! Broutilles que les scrupules ou les craintes liées à des fantasmes si dynamisants pour la santé ! Car ce qui compte, bien sûr, ce n'est pas l'amour qui unirait les deux amants, c'est le fonctionnement biologique de chacun de leurs corps, pris séparément : ce qu'ils ont dans la tête, à ce moment-là, est insignifiant.

On notera que le délire psychique des patientes n'est ni approfondi ni résolu : on le normalise sans le « traiter ». Il y aurait peut-être là de quoi restituer au psychisme sa dimension propre, chercher d'où le fantasme vient, élaborer un sens, reconstituer une dimension amoureuse dans laquelle l'amour soit autre chose que la rencontre fortuite de deux fonctionnalités biologiques[2-3].

Mais non, on normalise sans rien résoudre (chaque fois que l'on dit « c'est normal », on normalise autant qu'on croit rassurer). Ce qu'on dit en somme à la lectrice qui a peur de son psychisme (ou du psychisme *induit en elle* par les films, romans ou faits divers), c'est : « Tu es normale dans ton délire même puisqu'il fait bien fonctionner ton corps. Qu'importe ce qui se passe dans ta conscience, puisque le bon fonctionnement de tes organes — attesté, en principe, par le plaisir — est atteint ».

Dès lors, fantasmer n'est plus anormal (sauf bien sûr si l'on fantasmait pour fantasmer : danger de l'activité imaginaire libre du sujet !). Il a suffi que la normalité soit placée dans la seule fonction biologique. L'ordre unidimensionnel de la santé règne. Il est à lui seul la morale de l'individu moderne, de tous les individus modernes, qui doivent fonctionner de la même manière. Pourquoi faut-il être en bonne santé ? Pour se sentir bien dans sa peau. Pourquoi être bien dans sa peau ? Pour se savoir en bonne santé. Les organes poursuivent leur plaisir propre ; l'atteindre coûte que coûte atteste le bon fonctionnement des organes. Vivre, c'est fonctionner. Fantasmer, c'est bon pour fonctionner. La fonction est la raison d'être de la fonction, qu'elle soit biologique, sexuelle ou autre. Pas d'autre sens à chercher au fait d'exister, de respirer ou d'aimer. Être normal, c'est vivre son corps comme les autres, en faire comme les autres la fonction vitale par excellence. La normalité biologique est la base même de l'homme fonctionnel.

NOTES

1. *Femme actuelle*, p. 25, début août 1990.

2. Ce modèle de partenariat sexuel est largement dominant dans les représentations publicitaires, cf. notre étude *Publicité, sexualité, normalité*, dans *Le bonheur conforme*, pp. 221-242 (Gallimard, 1985). Peut-être est-ce ici l'occasion de souligner la parenté profonde qu'il y a entre l'idéologie publicitaire et l'idéologie ambiante. L'un des buts de ce livre était justement de montrer, concrètement, la pénétration de la seconde par la première au cours des dernières années. Cela dit, le discours ambiant déborde et complète la philosophie purement publicitaire, avec « l'avantage » sur celle-ci d'être beaucoup plus difficile à isoler et à cerner, compte tenu précisément de son caractère anonyme.

3. Autres titres fonctionnels, à l'affiche des kiosques : « *Blocages, pannes... les vrais déclics de la sexualité* », « *Combattre les kilos « fast food* », etc.

25

« Vendez-vous bien ! »

Élection de Miss France. En direct, à la télévision. Chose étrange, on interroge les candidates. Ces corps aux mensurations parfaites, ces corps qu'on a si bien appris à se montrer comme corps, eh bien, ces corps *parlent* !

C'est qu'à l'ère des médias, tout le monde est censé communiquer. Tout le monde a droit à la personnalisation. On interroge les corps de ces dames, elles deviennent intelligibles en même temps qu'éligibles (cela, peut-être, influencera le jury ou les téléspectateurs). Elles parlent de leurs rêves, de l'emploi qu'elles feraient des gains de l'élection, de leur profession désirée. Mais ce n'est pas l'originalité de ce qu'elles disent qu'on retiendra ici.

L'irruption du discours anonyme, nous la décelons plus précisément dans le langage liant et huilé de l'animateur. L'une des candidates qu'il interroge est vendeuse ; elle a un rêve bien simple : acheter un magasin ; ce rêve semble sincère au point qu'il en paraît gênant : si elle allait être déçue... L'animateur comprend, et s'empresse de clore l'échange en disant : « *En attendant, vendez-vous bien !* ». Sourire naturel, appel à la connivence du public, et au tour de la demoiselle suivante !

Ce que notre animateur a sans doute oublié, c'est le sens ancien du verbe « se vendre » appliqué à des dames. Ce qu'il conseille si judicieusement, si chaleureusement, si *normalement* à cette candidate, c'est de bien se prostituer, en professionnelle, même si l'on reste au niveau métaphorique. Et tout le monde trouve cela naturel. On n'a personnalisé ces candidates que pour mieux les aider à se vendre. On appelle la participation de leur intelligence pour qu'elles fassent de leur corps le meilleur produit possible. C'est la loi générale : on vous appelle à l'aliénation librement consentie, on ne sollicite votre part d'intelligence que pour mieux vous faire accomplir votre fonction d'objet.

On se vend à l'embauche. On se vend à la radio, à la télé. On vend son « look », son histoire, son combat, ses idées. Même si cela ne rapporte rien, il est bon de se vendre, de se bien vendre, en toute heure et en tout lieu, pour mimer dans tous les domaines ce qui se passe dans l'ordre commercial. Et le légitimer.

Vous êtes appelé à parler à la radio. Il s'agit de questions professionnelles : il n'y a rien à vendre. Vous avez le bonheur de vous être exprimé avec clarté au cours des deux ou trois interventions qui vous ont été octroyées. A la fin de l'émission, le journaliste se tourne vers vous, et vous félicite : « *Vous savez vous vendre* », dit-il [1].

L'auteur même doit se vendre. Pour certains écrivains, dont la vénalité transpire à chacune de leurs prises de parole, cela ne fait pas de questions. Pour le citoyen qui veut seulement émettre des idées, les faire partager et discuter, le climat de vénalité qui baigne la promotion de toute littérature est un scandale permanent. Que le livre soit *aussi* un produit, fabriqué et diffusé devrait suffire ; que l'auteur doive vendre sa personne ou son visage pour vendre son livre, cela est insensé, et le plonge dans une situation similaire à celle des futures Miss France, quoique inverse : il doit mettre en valeur son corps pour, la chance aidant, faire élire ses idées.

NOTE

1. Expérience personnelle.

26

L'ex-binôme Pivot-Dupont

Ce fut un petit événement lorsque l'émission de Bernard Pivot fut enfin « sponsorisée » par les stylos Dupont. Enfin, le spectacle culturel rentrait dans l'ordre de la banalité commerciale. Enfin le *style*, chose très personnelle, redevenait simple fonction d'un stylo, chose bien matérielle.

On se souvient peut-être de la bonne foi et de la gêne du présentateur, en annonçant qu'A2 avait besoin de ressources, mais qu'*Apostrophes* resterait indépendante : jamais le sponsor n'influencerait le contenu de l'émission !

Pourquoi alors un discours de justification ? L'argent ? Mais la manne du sponsor était-elle vraiment indispensable au budget de la chaîne, déficitaire de toute façon ? Et tout le monde connaissait l'intégrité du présentateur ! Alors ?

Sous la bonne foi individuelle de B. Pivot, il se passait évidemment quelque chose qui n'était pas tout à fait de bonne foi *au niveau du système* (la perversité du système, justement, c'est de dissimuler sa logique sous le visage humain des gens de bonne foi). Ce quelque chose, c'était la récupération du culturel par la fonction économique, dominante, ou plus précisément, la réintégration d'une activité culturelle à effets commerciaux dans un système commercial à alibi intellectuel (l'émission ne valant plus, alors, que par son audience). Il *fallait* que la plus culturelle des émissions d'A2 tombât sous la coupe du mercantilisme !

Cette mutation, à l'époque, était trop dans « l'air du

temps » pour soulever des protestations. Cela parut, en somme, *naturel*. Les spectateurs ont accepté, déjà trop habitués à l'omniprésence du Produit à la télévision. Or, une telle pratique est un scandale pour l'esprit.

Il y a en effet deux réalités sans rapport réel l'une avec l'autre. D'une part, une émission littéraire, souvent excellente. D'autre part, un objet dont la qualité technique peut également être excellente. Mais leur association, elle, n'en reste pas moins mensongère en elle-même, et méprisante à l'égard du public. Car la qualité de l'émission ne prouve pas celle de l'objet, ni vice-versa. Or, c'est bien cette relation mentale que le sponsor essaie de créer dans l'esprit du spectateur. Le rappel, d'émission en émission, de la présence du stylo, liée d'ailleurs à la musique de Rachmaninoff, qui sert d'écrin à leur ensemble, établit un lien « naturel » et donc « nécessaire » entre la qualité supposée de l'objet et le rite de l'émission : qui apprécie celle-ci doit forcément choisir celui-là.

Ce lien mensonger est délibérément cultivé par la mise en scène : pour bien montrer la consubstantialité entre la nature de l'émission et celle du stylo, le mini-scénario de la présentation évoque l'acte d'écrire (le stylo, en gros plan, dépose la trace prestigieuse de l'écriture sur une feuille, puis vient se poser à côté de la trace qu'il vient d'inscrire), suggérant ainsi que c'est par lui qu'enfin l'écriture est arrivée. Une fois l'émission achevée, le stylo réapparaît pour parapher tout ce qui vient d'être dit : l'excellence des manuscrits-livres qu'on vient de célébrer pendant une heure est donc portée au crédit de la marque Dupont, qui semble l'auteur de tout cela. C'est la littérature qui valorise le stylo, et non l'inverse. Le culte du produit l'emporte sur les finalités de la pensée.

En acceptant ce mensonge, les fidèles de l'émission littéraire acceptent de voir réduire la qualité des livres à la fonction de l'outil stylo, quelle que soit l'aura dramatique du Concerto qui couvre l'opération. Ils s'acceptent en même temps comme cibles et comme clients, dont la fonction est de consommer. La Fonction commerciale a réussi, par le biais de la marque Dupont, à encadrer l'émission qui devait lui être la plus irréductible ; elle fait triompher son ordre. Qu'est-ce qui pourrait, désormais, lui échapper ?

27

Le Professionnel[1]

Un professionnel, un « pro » pour mieux dire, c'est quelqu'un de beaucoup trop compétent, trop sérieux, trop « technique », pour se poser des questions de fond sur son action, pour s'interroger sur le sens à long terme de ce qu'il entreprend.

S'il est militaire, il sera sans passions. Il ne haïra plus l'ennemi, comme autrefois, il ne cherchera pas à mépriser l'autre camp. Simplement, efficacement, techniquement, il fera fonctionner les engins meurtriers avec le maximum de performance (calculée en pourcentage des objectifs visés) et de conscience… professionnelle.

S'il est commerçant, ou plutôt s'il est un « commercial », il ne s'inquiétera pas davantage des fins plus ou moins matérialistes de son entreprise. Il pensera à bien viser ses cibles, lui aussi, à pénétrer les marchés, à grossir le public, à fidéliser la clientèle, à bien vendre. Il est là pour cela. On le paye pour cela. Il doit faire confiance à la qualité des produits qu'il vend. On l'en a d'ailleurs persuadé dans des séminaires. Il fonctionne, il vit[2].

S'il est financier, son objectif est de faire de l'argent. Il est là pour cela. Il achète et revend, passe des ordres simultanés ou contradictoires sur Paris/New York/Tokyo ou Londres. Il n'a pas, vous n'avez pas, à vous soucier de la réalité humaine des entreprises vendues, achetées, malmenées ou sauvées par les spéculations boursières. C'est un « pro », ce n'est pas son affaire ; c'est l'affaire d'autres pros. Quand il est devant l'écran de son ordinateur, il n'a pas à s'inquiéter des réalités auxquelles cet ordinateur renvoie, dans son langage chiffré, codé, abstrait, « professionnel » lui aussi[3].

S'il travaille dans l'audio-visuel, pour être un bon « pro », il doit se soucier uniquement de fournir de bons produits télévisés, ciblés, calibrés, testés — et exportables. Il est avant tout « technique ». Il aurait tort de s'interroger sur la valeur culturelle ou artistique desdites productions. Les finalités humaines du système audio-visuel ne sont pas son « truc » ; il est un pro, lui, c'est-à-dire tout à la fois le militaire, le commerçant, le financier évoqués précédemment.

Le professionnel, dans le langage quotidien, par opposition au poète, à l'amateur, à l'idéaliste, c'est le performant suprême, d'autant plus efficace qu'il fait fonctionner la machine socio-économique sans se soucier de son sens.

Le terme est si valorisé, dans son abréviation, qu'il suffit de dire « c'est un pro » pour couper court à toute critique, à toute objection sur les décisions de l'intéressé. Vous n'avez rien à dire, c'est un professionnel, il sait ce qu'il a à faire, il est fait pour ça, ne tentez pas d'en savoir davantage. Laissez aux gens « dont c'est le métier » le soin de poser et de résoudre les problèmes dont vous n'avez pas à vous mêler, sous le vain prétexte que ce sont les vôtres. Telle campagne publicitaire pour une juste cause, tel projet d'aménagement d'un site pour la construction d'une centrale nucléaire, telle décision politique vous alarment ? Vous avez tort : des pros s'en occupent, c'est leur « boulot », dormez sur vos deux oreilles. Un professionnel, c'est quelqu'un qui, tranquillement, renvoie le citoyen à ses opinions, incompétentes, subjectives, non informées — mais en se gardant bien d'informer, de faire comprendre, de révéler les enjeux. L'opinion elle-même est façonnée par des pros, des pros dont la fonction est de déposséder les peuples de leur destinée, soin qu'on ne saurait confier à tous ces amateurs qui forment, dans les démocraties, ce qu'on appelle la majorité.

NOTES

1. Le film *Le Professionnel* porte bien mal son titre, puisque le héros, compétent dans sa maîtrise technique, ne l'est plus dès qu'il se mêle des finalités de son action, et prétend dénoncer les contradictions des politiques qui le manipulent. Ce n'est vraiment pas « un pro » : à liquider !

2. Un responsable de Matra déclare à la radio : « Les gens de Matra n'aiment pas l'échec, les gens de Matra sont formés à la culture de la compétition *parce que c'est leur métier* » Pourquoi ont-ils choisi ce métier, pourquoi y a-t-il une « culture de la compétition » ? Taisez-vous, c'est leur métier, point final. Toute question sur la nature idéologique des réalités sociales et professionnelles est étouffée par une sorte de chaîne tautologique continue : le métier c'est le métier, chacun fait ce qu'il fait parce que c'est son métier, et c'est son métier parce qu'il a choisi ce métier...

3. Une fois revenu dans la sphère de sa vie privée, le professionnel peut naturellement retrouver des qualités de sensibilité et « d'humanité », comme tout le monde. Il a droit à l'émotion, au coup de cœur. Dans son métier, il sert le capitalisme international ; dans sa famille, il s'émeut de voir la misère du tiers-monde aggravée par les lois du marché mondial. Il a un coup de cœur, il envoie son chèque, et le lendemain, reprend son activité tranquille, au service des logiques industrielles.

28

La métaphore automobile

Embarquons dans un spot publicitaire.

Placée à flanc de portière, la caméra nous entraîne dans un voyage au ras du sol. Devant nous, la roue ; devant la roue, la route. L'asphalte ne cesse de surgir à nos yeux et de fuir sous nos corps, emportés que nous sommes dans cette course sans fin où triomphe l'ultra-fonctionnalité d'un véhicule. Sensation de vertige : on frise l'accident, on va s'écraser. Sensation de fiabilité : on vogue adroitement à distance des choses, et les pneus collent si bien à la chaussée.

Virage à gauche, à droite, accélération (flash sur le compteur), franchissement d'une ligne (discontinue), retour du bon côté : nous venons de doubler, en un bond de puissance et de souplesse, toute audace et toute sécurité confondues. On file, on vit, on vole, on joint l'euphorie de l'aventure à la stabilité d'un chez-soi : je roule donc je suis, et l'asphalte poursuit son dévidage accéléré, — ruban parfait, sorti du laminoir de l'horizon.

(Passons aux aveux : comme nous adhérons à ces images familières, fascinantes, si « naturelles », de notre époque ! Comme elles émeuvent en nous, déjà, le mythe du déplacement, du dépassement, issu du génie machiniste de l'homme ! Comme elles sont, par elles-mêmes, imprégnées d'idéologie technicienne et de philosophie d'autoroute, lesquelles aplanissent et banalisent tous les paysages originaux, pour nous permettre d'aller plus vite, d'aller plus fort, d'aller plus loin !)

Bientôt s'amorce pourtant l'inévitable ralentissement : les voyages publicitaires n'excèdent pas trente secondes. Freinage en douceur, immobilisation de l'engin maître de soi, et voici qu'apparaît sur la voie, monumental comme un arc de triomphe, le sigle... d'une banque, la B.N.P. La surprise n'est pas mince !

Quel peut donc bien être le rapport entre cette cascade calculée au ras du bitume et le sigle abstrait d'un établissement financier ? Voyage initiatique ? Pas tout à fait. Emprunt national pour sauver l'industrie automobile ? Point du tout. On a voulu, tout bonnement, « visualiser » un concept : *Sur la route de la vie, partez en BNP !* Les banques sont là pour nous piloter. Et la visualisation est à la publicité — en plus lourd, en plus gros — ce qu'est la métaphore à la littérature : la « preuve » par l'image. Mais que nous dit cette métaphore ?

Dès son invention, l'automobile a été chargée de symboles. L'imaginaire humain, et publicitaire, l'a d'emblée sexualisée, virilisée, féminisée, animalisée, domestiquée. On a rappelé à son propos « le vieux mythe centauresque de fusion de l'intelligence humaine et des forces animales. » (Baudrillard). Cette tradition demeure.

Ce qui semble nouveau, c'est l'inversion de ce processus métaphorique. Alors qu'on projetait du vivant sur les véhicules à moteur, ce sont maintenant les images de la voiture qui reviennent investir l'existence. On voit, dans les publicités pour enfants, un tube de Smarties se faire bolide de Formule 1, une tablette mobile de chocolat promettre aux petits « le plein de gourmandises », et le biscuit BN se prétendre « le quatre heures à moteur », à consommer chaque fois que « les batteries sont à plat ».

Ces images, et bien d'autres, induisent l'idée d'un individu fonctionnel qui a sans cesse besoin de produits-moteurs pour entretenir sa carcasse auto-mobile. Toute la vie devient affaire mécanique, avec nos batteries à recharger, notre puissance à alimenter (prendre du magnésium), notre protection à garantir, nos dérapages à contrôler, nos virages à négocier, notre taux de compression interne à soigner (pour grimper socialement), et tous ces efforts journaliers des citoyens et des États pour se maintenir dans le « peloton de tête ». Il ne suffit plus de mettre un tigre dans son moteur, il faut encore mettre un moteur dans son tigre. Et un microprocesseur dans son cerveau. Il faut « rester dans la course », car tout est course : on ne vit qu'en roulant. Même les choix politiques se posent en termes de conduite auto (« *La gauche, c'est la bonne direction* » disait stupidement une affiche PS).

Les métaphores sont réversibles. Il a sans doute été naturel d'humaniser l'automobile à l'époque de son invention, pour rassurer l'humanité sur son inquiétante étrangeté[1]. Maintenant que la voiture règne au centre de l'industrie et au cœur de la cité, elle devient l'image-valeur qui sert à illustrer et à modeler le cours des conduites humaines[2]. L'inconvénient de cette métaphore, c'est qu'en exaltant les « vertus » du véhicule humain, on néglige de s'inquiéter des buts du voyage. Une fois de plus, la philosophie de la performance envahit tout le champ mental de l'homme, pour l'empêcher de se poser la question du Sens.

NOTES

1. Cet anthropomorphisme demeure et produit encore des perles, comme le slogan « *Envie de toi* », évoqué page 63.

2. La vocation de l'homme moderne est de parvenir à la dignité de la machine. C'est ce que disait littéralement aux enfants le mythe de Goldorak. C'était en se métamorphosant en sa machine de guerre, « Goldorak », que le fragile Actarus devenait héros des temps modernes... Mais la fonction de la machine, rouage parmi les rouages, c'est de servir d'autres machines. Ainsi, chaque fois qu'on suggère que l'homme est une (pseudo) machine, on légitime tranquillement le pouvoir des (vraies) machines sur l'homme.

29

« Tout à fait ! »

L'hôtesse à la voix suave et au sourire fonctionnel ne dit jamais « oui » mais continûment : « — Tout à fait ».

« — Pardon, Mademoiselle, les WC sont bien derrière les cabines téléphoniques ?

— Tout à fait. »

Style « cool », tonalité qui arrondit les angles, plénitude huilée de la parole creuse. Bertrand Poirot-Delpech réagit à juste titre contre l'emploi abusif et envahissant de ces longs adverbes faussement denses, qui remplacent de plus en plus le simple « oui » net et carré : « complètement », « totalement », « absolument », « tout à fait ».

Cette redondance contagieuse n'est pourtant pas dénuée de signification (pas totalement...). Si l'on écoute bien ce « tout à fait » accomplir ses inflexions, se muer en une sorte de caresse musicale aux orthographes multiples (toute à fée, Thoutaphé, touthe affée, Tout Tha Fé...), on saisit toute la charge de relationnel-fonctionnel que la voix de l'hôtesse se doit d'ajouter à la seule affirmation. Elle n'a pas simplement à acquiescer, elle doit accomplir le « oui », lui adjoindre littéralement l'idée de totalité et de facture achevée. Son « tout à fait » est un oui féminisé comme une eau de toilette, nimbé de perfection technicienne et d'érotisme fonctionnel. Il est le « Service Plus » de la société qu'elle représente et qui vous accueille avec toute sa positivité, qui vous approuve de tout son désintéressement.

Refus du heurt, refus des choses nues, emballages fonctionnels des phrases et des sentiments, aura publicitaire euphorisant toutes les réalités du monde (les vieillards ne sont « plus tout à fait » jeunes), euphémisation générale de toute l'âpreté des relations, triomphe de la *fonction* relationnelle sur la relation vraie.

S'entendre dire « tout à fait », c'est recevoir un « oui » qui vous parfume, et dont vous êtes invité à reproduire le parfum anonyme à l'usage de ceux qui vous entourent.

30

Jeunes, très jeunes, moins jeunes

Il n'y a plus de « Vieux », il n'y a que des « Moins jeunes ». Gustave Thibon proteste avec une véhémence justifiée contre cet euphémisme faussement flatteur, trouvé dans un dépliant de la SNCF, mais qui traîne partout dans le discours anonyme [1]. En disant que la vieillesse n'existe plus, on fait de la Jeunesse l'unique valeur sociale, l'unique modèle de vie valable, ce qui ne signifie pas du tout que les jeunes tels qu'ils sont soient beaucoup mieux traités dans notre monde socio-économique (cf. les statistiques du chômage).

Ce modèle est unidimensionnel : la jeunesse semble moins une réalité qualitative que quantitative. On *est* plus ou moins jeune, certes, mais surtout, de cette jeunesse, on en *a* plus ou moins. Cette quantité baisse irrémédiablement au cours de la vie. Mais il y a des paliers, des hauts et des bas, et toute notre ambition quotidienne consiste à montrer qu'on a gardé en réserve *plus* de jeunesse que bien des gens d'un âge moins avancé.

Ce modèle est corporel, il est lié au mythe de la forme et des apparences de la peau. Aussi nous pénètre-t-il au plus profond de nos pores. Quand le discours anonyme mobilise ses euphémismes, « moins jeune », « encore jeune » (par conséquent), comme l'*être jeune* retentit en nous, comme il se sent flatté jusque dans nos fibres les plus sensibles : on a tellement peur de la vieillesse ! Comment récuser une mythologie anonyme à ce point *incorporée* en nous-mêmes ?

Ce modèle est fonctionnel. Si l'on est encore jeune, bien que moins jeune, on a droit à toutes les jouissances de la société de consommation. On peut même *produire*, et mimer, durant le troisième âge, les conduites actives, mobiles, performantes, des jeunes adultes encore *en course* et fonctionnels. On ne change pas de « valeurs », on n'a pas à vivre d'*autres* réalités. On sert même les circuits économiques, en dépensant, en épargnant, en aidant les plus jeunes. Et c'est peut-être bien pour nous enjoindre de rester fonctionnels que le système, entrant en connivence avec notre peur de mourir, nous flatte si longtemps de n'être que « moins jeunes », et ne nous taxe jamais, en paroles, de vieillards[2].

Mais ce n'en est pas moins la plus belle manière d'éliminer les Vieux. Car on dénie toute originalité, toute spécificité à l'art de vivre qui pourrait être le leur. On tue les valeurs traditionnellement associées à leur âge parce qu'elles dérangent celles de l'idéologie dominante : sagesse contre vitesse, contemplation contre action, sens de la durée contre adhésion à l'instant.

L'euphémisme « moins jeunes » caresse mensongèrement le corps des Vieux, pour mieux mettre à mort ce qui leur reste d'âme.

NOTES

1. Gustave Thibon, *L'Équilibre et l'Harmonie*.

2. A ces « nouveaux vieux » qu'on appelle « moins jeunes », susceptibles de voyager, dépenser, s'amuser, vivre une sexualité épanouie (nombreux articles et débats à ce sujet), s'opposent les « vrais » vieillards, dont on parle beaucoup moins (sauf en alléguant pudiquement le « quatrième âge »), qu'il faut bien parquer dans des « maisons de retraite » ou des mouroirs, qui pèsent sur l'économie et précipitent le déficit de la Sécurité sociale, et ne font vraiment la une des journaux que lorsqu'il est question de valoriser la plus définitive des solutions : l'euthanasie.

31

Dialogue, communication, consensus

Mots-clefs dont l'usage est de couvrir les dysfonctionnements du social.

Dialogue masque conflit. Le chef d'entreprise ouvre sa porte, ouvre son carnet de rendez-vous, ouvre le dialogue (mais non le porte-monnaie) ; les syndicats refusent le dialogue, s'entêtent négativement dans des revendications abusives. Le mot dialogue sert à n'avoir pas l'air d'être en conflit, aux yeux du monde, c'est-à-dire des médias. La fonction relationnelle exclut l'idée de divergence. Celui à qui on lance le mot « dialogue » n'a plus le droit de s'opposer, quel que soit évidemment l'esprit (de réel dialogue ou non) dans lequel le mot est lancé.

Communication masque propagande. Celui qui « communique » bien, c'est celui qui ne suscite aucune réaction de la part du public-cible. Communiquer c'est conditionner. Faut-il rappeler l'acharnement des publicitaires à monopoliser ce mot pour le rendre synonyme de leur fonction ? Communiquer, c'est faire en sorte que l'opinion (individuelle ou collective) n'ait rien à redire : on n'a le choix qu'entre l'apathie du suivisme ou l'inertie de l'indifférence. Il n'y a pas de réponse, pas d'échange. La communication moderne (médiatique) cherche tout au plus un effet de miroir garantissant l'audience. Pourquoi d'ailleurs y aurait-il communication, là où le « je » est appelé à se fondre dans le « on » ? La communication est un vaste système de pénétration du discours et de l'idéologie anonymes. Pensée personnelle : s'abstenir. L'originalité ne saurait être qu'une variante de la mode, un semblant d'anticonformisme vite récupéré. Les grands « communiquants », politiques ou médiatiques, animateurs, célébrités, penseurs-stars, ne sont que des opérateurs du discours anonyme. Chacun doit s'aligner mentalement en croyant s'informer. Communiquer, c'est faire taire.

Consensus travestit démocratie. Ça semble en être la forme idéale, et c'en est tout le contraire. Ce que vise le consensus, c'est éliminer l'opposition, le débat, la pensée différente. Le consensus est un principe d'appauvrissement du discours public, de régression de la pensée collective. Quand on prône une mentalité unanime, effectivement, il n'y a plus guère de dysfonctionnements dans les échanges d'opinion. L'idée, le rêve de consensus opère un chantage permanent sur tous ceux qui voudraient opiner par eux-mêmes. On se demande même si l'on a le droit de mettre en question la notion de consensus : il y a aujourd'hui consensus sur le consensus. D'où le malaise qu'on peut éprouver devant toutes ces unanimités médiatiques qui, à intervalles réguliers, viennent solliciter, et *exiger*, sous peine de négativité, la ratification populaire : libération de l'Est, scandale de Carpentras, records du Téléthon, juste châtiment de Saddam Hussein [1]. Même si l'on est d'accord avec tel ou tel de ces thèmes trop bien orchestrés, *il faut* manifester son ralliement, et c'est là que le recours au consensus a quelque chose de totalitaire. En balançant dans le public de justes causes épisodiques sur lesquelles tout le monde sera forcément d'accord (encore que...), on infuse dans le champ social la notion de consensus comme l'idéal même vers lequel chaque individu doit tendre. Et bien sûr, quand viendra le temps des causes discutables, pour nous forcer au ralliement, on brandira cet idéal civique de façon menaçante. Hors du consensus, point de salut.

NOTE

1. Si l'on approfondit, on constatera que les belles unanimités médiatiques ne mobilisent pas que de bons sentiments. Elles flattent tout aussi bien, dans la foule, le désir de lynchage (Mesrine, Saddam Hussein, etc.).

32

Dysfonctionnements ?

L'emploi du mot « dysfonctionnement » ne fait pas que dédramatiser les accidents, en faisant prévaloir l'aspect technique des causes sur la réalité humaine des conséquences. Il laisse entendre que la défaillance technique est toujours réparable : c'est une question de mise au point à parfaire, c'est la rarissime exception qui confirme la règle, et cela renforce la logique fonctionnelle du système qu'il eût fallu remettre en cause. Tous les problèmes de la société moderne semblent obéir à ce schéma.

On fait l'éloge de la compétition. On se plaint bien vite des ravages de la concurrence sauvage. On réagit alors en disant qu'il faut se battre, ce qui renforce l'idéologie de la compétition et ses conséquences désastreuses.

On place son bonheur dans l'acquisition de produits. On s'aperçoit que nos consommations ne comblent pas nos besoins. On pense alors que c'est faute d'avoir trouvé les produits adéquats, au lieu de s'interroger sur les faux besoins qu'on se crée.

La société technicienne, à la moindre défaillance technique, déplore les insuffisances de la technicité, au lieu d'incriminer son excès de confiance dans l'organisation technique [1].

Un hiver un peu rude paralyse le TGV. Des fils électriques chargés de glace plongent dans l'obscurité des régions entières.

On en conclut aussitôt que le système n'étant pas au point, il faut en parachever la sophistication. Personne ne s'alarme de ce que des réseaux entiers, des collectivités nombreuses, soient à la merci d'un incident mineur engendré par un froid inhabituel. Au lieu de s'interroger sur notre dépendance au système, on se contente d'accuser l'imperfection du système ; au lieu de contester l'ordre fonctionnel, on réagit en réclamant plus de fonctionnalité encore.

Ainsi, l'idéologie fonctionnelle a inscrit dans nos têtes un discours tout prêt, lié au mythe du progrès, qui récupère à son service tout ce qui peut le contrarier. Qu'un accident arrive, on déclare qu'il faut aller plus loin, au lieu de mettre en question le chemin suivi. Que les pannes se multiplient, on déclare qu'il faut aller plus vite. Le Dysfonctionnement est toujours l'occasion de renforcer la loi de la Fonction. Bienvenue aux futurs Tchernobyl !

***

Il est vrai qu'allumer des bougies, patiner dans la neige, assister à la grande panne provisoire procure parfois sur le moment une secrète satisfaction. On sent comme un répit dans la course sans fin à la modernité. Avec la rupture de l'ordre, la nostalgie de la liberté s'éveille, du moins jusqu'à ce qu'on retrouve, quand tout « rentre dans l'ordre », le confort fonctionnel et la dépendance dont on le paie. Mais la petite panique, et son frisson éphémère, nous ont offert une tranche de rêve compensatoire : nous nous en trouvons mieux pour revenir au sein du système.

C'est la seconde fonction des dysfonctionnements : ils font office de soupapes de sécurité. Ce qui trouble l'ordre passagèrement renforce l'ordre durablement, d'où la complaisance des médias pour l'extraordinaire ordinaire qui constitue les faits divers : longue vie au scandale, à la délinquance, à la violence, au meurtre, aux perversions notoires, aux mille et un accidents ou malheurs qui n'arrivent qu'aux autres ! Ce qui vous sort quotidiennement du quotidien favorise votre insertion dans votre mode de vie machinal. Les transgressions fantasmées aident à supporter les interdits de chaque jour. La consommation hallucinée de dysfonctionnements rituels est indispensable à la bonne marche du troupeau humain. S'ils n'existaient pas, il faudrait les inventer. Les chercheurs de « scoops » ne manquent pas de le faire.

***

Mais que dire des dysfonctionnements en quelque sorte *structurels* ? Dix mille morts annuels sur les routes, ce n'est plus un dysfonctionnement mineur. Douze mille suicides non plus. Cent mille décès dus au tabac et à l'alcool, pas davantage.

Curieusement, l'ordre technico-économique dans lequel nous vivons s'en arrange. Silence anonyme ! C'est bien en cela qu'il est un ordre fonctionnel, d'ailleurs. La réalité humaine ne compte pas. *Qu'importe qu'ils meurent, puisque ça fonctionne !* Telle est la loi non dite, mais bien effective, qui régit le discours ambiant. On n'a pas idée, par exemple, de brider les moteurs (90 km/h maximum) ou l'usage des véhicules[2]. Le Moloch automobile est sacré : pour que la société roule, pour qu'elle trouve en lui la métaphore qui fonde le mythe du progrès, il lui faut sa ration de victimes. Idem pour l'abus de tabac et d'alcool : aubaine des marchands, félicité des consommateurs, joie des publicitaires qui font des campagnes tantôt pour tantôt contre, il ravit trop de monde pour ne pas s'accorder avec la philosophie ambiante d'une société qui affecte de le déplorer. Quant aux suicidés proprement dits, qui ont choisi le bonheur de l'évasion définitive, ils ne sauraient freiner — en la désertant — la fuite en avant de notre civilisation matérialiste.

Le chômage ? Voilà un dysfonctionnement de taille ! Et cependant, il jouit d'une indifférence fonctionnelle à sa mesure ! Quinze ans d'essor du chômage, quinze ans de discours contre le chômage ! Au bout du compte, le discours n'a rien changé à l'injustice des choses, il n'a fait qu'anesthésier la révolte contre elle. Qu'un discours répétitif suffise, si longuement, à neutraliser un fléau réel a sans doute une explication toute simple : c'est que ce fléau ne dérange nullement le système où il sévit. A quoi on peut trouver une raison économique : c'est que le chômage a pour synonymes « restructuration » et gain en productivité. Mais aussi une raison idéologique : après tout, ces éternelles déclarations antichômage sont autant de célébrations de la valeur sacrée du Travail, du tout-Travail comme sens dominant de la vie. La preuve en est qu'on se scandalise moins du chômage que des faux chômeurs : ces gens qui, sous prétexte de manquer de travail, voudraient vivre sans rien faire ! A l'heure où il faut s'investir à fond pour devenir un gagneur !

Il est vrai que des personnalités bien intentionnées luttent contre ce dysfonctionnement : mais c'est dans la mesure où il commence à coûter cher *économiquement*. Le coût humain n'a jamais dérangé le système.

Et le Sida ? Le fameux Sida ? Dysfonctionnement, ou non ? En vérité, le Sida semble avoir été traité par la société moderne selon deux logiques fonctionnelles contradictoires.

Au niveau proprement politique, il n'a guère suscité de branle-bas de combat : c'est qu'il ne gênait nullement le système. Après dix ans de croissance, cette maladie est restée en France, socio-économiquement, un mal encore bénin (comparé aux 100 000 morts et davantage que causent annuellement les suicides, le tabac, l'alcool et les accidents). On s'explique dès lors la passivité des politiques devant le problème, la tranquille négligence qui a conduit à laisser transfuser du sang contaminé (priorité à la fonctionnalité économique !), et la mollesse de la justice à condamner les responsables irresponsables.

A l'inverse, au niveau médiatique, le Sida a déclenché dès son commencement un discours panique, une rhétorique de conjuration du mal, un effroi qui peut paraître disproportionné par rapport à la réalité chronique des autres maux évoqués précédemment[3]. C'est que le spectre du Sida contrarie l'ordre fonctionnel qui nous régit à un autre niveau, de nature idéologique, qui est celui du mythe relationnel. A partir de la sexualité, référence métaphorique de toute fonction relationnelle dans notre philosophie ambiante[4], c'est sans doute le rêve moderne d'une multiplication des contacts qui est touché : le Sida, à l'encontre de la libération des mœurs, est apparu comme la maladie anti-relationnelle par excellence, la lèpre des temps modernes. Toute relation devient contagion en puissance. Le fléau contredit dans son expansion planétaire l'expansion planétaire des contacts, de tous les contacts, de toutes sortes de contacts. Il freine soudain la communication biologique entre humains, et justement, la fonctionnalité biologique servait de norme idéale aux autres comportements. On comprend qu'il ait ému au plus haut degré les professionnels de la communication et des spectacles. Rendant soudain critique tout le relationnel des échanges modernes, qu'ils soient libidinaux ou commerciaux, l'existence du Sida fait irruption comme un dysfonctionnement intraitable, le seul que ne puisse récupérer la société fonctionnelle — *idéologiquement* du moins. Économiquement, c'est-à-dire pharmaceutiquement, le Sida était tout à fait récupérable[5].

L'exemple du Sida montre clairement l'inertie d'une société qui se rêve idéalement fonctionnelle, puisqu'on y peut à la fois, au niveau politique, ne pas prendre les mesures nécessaires pour éradiquer la réalité d'un mal et, au niveau médiatique, en exorciser le mythe à grands renforts de discours anonyme.

NOTES

1. Peu après la rédaction de ce chapitre est survenu l'accident de l'Airbus 320 qui s'est écrasé sur le mont Saint-Odile, près de Strasbourg. Aussitôt, le mot « dysfonctionnement » s'est répandu, avec toutes les connotations significatives que nous venons de signaler. Un autre terme, régulièrement employé dans le milieu de l'aviation, s'est multiplié dans la presse, le mot anglais « crash ». « Crash », c'est plus court qu'écrasement, c'est moins douloureux qu'accident : le recours aux termes anglo-saxons fait percevoir les réalités sous l'angle fonctionnel et technique, qui confère au locuteur un halo d'efficience en même temps qu'il aseptise le caractère humain des choses dont on parle (le mot « crash » est communément répandu aussi dans les jeux vidéo-électroniques).

A propos de ce même accident, s'il fut parlé de dysfonctionnement, on se souvient que la terrible, la *vraie* question dont débattaient les experts, était de savoir si le « crash » provenait d'une défaillance technique ou d'une erreur humaine. La première hypothèse mettait en cause les ventes d'appareil ; la seconde rassurait tout le monde... A la radio, j'ai entendu un commentateur accuser les ennemis du progrès à peu près dans ces termes : « Pourquoi, à chaque accident, ose-t-on régresser au point de faire le procès du modernisme ? L'incident de parcours qu'est la défaillance technique d'un avion sophistiqué doit-il mettre en cause toute l'évolution ? »

Perseverare diabolicum...

2. Il y a eu l'effort du « permis à points », et la révolte des routiers, souvent soutenue (ou suscitée) par les employeurs qui trouvaient intérêt à les faire rouler vite. Contradictions du système : d'un côté, on produit des véhicules de plus en plus performants et des voies de plus en plus rapides ; de l'autre, on se sent obligé de « limiter » les vitesses et les risques, pour contenir les courbes de croissance des accidents. D'un côté, il y a la *loi* du système, de l'autre de simples correctifs. Une loi dont on continue d'imprégner l'automobiliste (cf. les publicités) ; des correctifs qui, évidemment, le contrarient et le désorientent ; un *double* discours qui lui donne le sentiment d'être traité en pantin.

3. Bien sûr, la croissance du Sida est exponentielle. Cependant, fin 1991, au bout de dix ans, le fléau n'avait fait en France qu'environ 17 000 victimes (cf. *Bulletin Epidémiologique Hebdomadaire*, nov. 91), à comparer aux 1 200 000 décès causés, dans le même temps, par les autres maux évoqués.

4. La fusion entre le relationnel et le sexuel triomphe dans la publicité : « *Tout fait l'amour, et la publicité orchestre, en présentant la fonctionnalité même des produits sur le mode érotique. Ces savons que l'on frotte contre soi, ces objets dont la forme ou la surface comble déjà de volupté sensorielle, ces appareils qu'un simple caresse digitale suffit à mettre en action, tout ce qui se promet comme Plaisir en soi relève d'un érotisme ambiant qui se fonde, plus ou moins clairement, sur le code du plaisir sexuel* ». (*Le bonheur conforme*, déjà cité, p. 233). Contact, coup de cœur, contact, plaisir sexuel, contact, consommations : halo idéologique qui se manifeste dans la dernière couverture du catalogue Trois Suisses. Sur toute la page, des « baisers » très « rouge-baiser » sont imprimés. Baisers mous, baisers choux, amours d'achats, contact amoureux avec toutes ces choses désirables qui s'offrent à vous comme partenaires, bise lèvre à lèvre nouée avec le monde entier... Et les marchands prélèvent leur pourcentage.

5. Au langage catastrophé des médias répond la neutralité du discours politico-économique, comme on peut en juger par ce simple extrait du rapport de la commission sénatoriale sur le scandale de la transfusion du sang contaminé : « *La logique industrielle a conduit à oublier certaines règles de la déontologie médicale* » (Le Monde, 19/6/92, p. 9). Bref, des salauds ont voulu faire du fric en empoisonnant des hémophiles : c'est bien dans la logique fonctionnelle de notre économie.

33

Mondialisme

Que l'on veuille composer du discours anonyme ou en démonter quelques mécanismes élémentaires, on pourra puiser dans les divers fragments mis à jour dans ce livre.

Un premier exemple : la rhétorique du consensus. Elle mobilise un certain nombre de linéaments qui pourront être : le coup de cœur (vous ne pouvez pas ne pas aimer), la rythmique dominante (vous ne pouvez pas échapper à la marche cadencée du siècle), l'impératif de positivité (vous n'allez tout de même pas critiquer, faire sécession), l'intimidation majoritaire (gare à vous si vous vous excluez : vous vous niez vous-même), l'illusion individualiste (chacun éprouve la gloire de participer *personnellement*), et l'aliénation à l'époque (on s'emplit d'un pseudo-vécu collectif). Cette rhétorique, pour être efficace, doit être inconsciemment intériorisée : établir lucidement la liste des arguments par lesquels on doit persuader et se persuader, ce serait déjà prendre distance, réfléchir, et risquer la critique, la dissension, le refus. Il doit suffire au contraire d'un mot, d'une tournure, d'une intonation du discours anonyme pour entraîner l'adhésion de l'individu idéologiquement préparé. Un seul des linéaments évoqués ci-dessus amorce et met en branle la nébuleuse de tous les autres, dans un mouvement réflexe intérieur, et voici le citoyen entraîné sans trop savoir pourquoi, et désireux d'entraîner à son tour, pour se sentir moins seul dans le troupeau enthousiaste.

Autre exemple : le mondialisme. Sans doute le rêve d'entente planétaire est-il une aspiration louable et forte. Mais prendre ce rêve pour une réalité, escamoter ce faisant les obstacles qui s'y opposent, s'en servir comme mythe consensuel pour établir l'empire international de certains produits (Benetton, Coca-Cola), c'est autre chose : c'est cela qu'on appelle justement le *mondialisme*, avec un -isme bien péjoratif. Le mondialisme est en quelque sorte l'extension du consensus à l'échelon du globe. Il touche particulièrement la population des jeunes, dont on comprend le pacifisme idéaliste ; mais il les touche comme cible commerciale (chansons, vêtements, boissons), beaucoup plus que comme assemblée volontaire et lucide. L'idéologie mondialiste, précisément, se constitue d'un certain nombre de traits du discours anonyme, où l'on retrouvera sans peine : la volonté de positivité (qui fait ignorer les inégalités planétaires dont les enfants des sociétés riches jouissent en raison même de l'exploitation des enfants des peuples pauvres), le mimétisme collectif (adhésion par élan du cœur aux clips et chansons dénonçant, dans le cadre du Top 50, la famine et les guerres), la fonctionnalité économique (on aide les pauvres en *achetant* un disque), le consensus multiracial (en ce qu'il annule les différences culturelles et propose comme modèle idéal le jeune consommateur épanoui), l'inéluctable mouvement de l'époque et le triomphe des médias (c'est ainsi, vous ne l'empêcherez pas, la terre est déjà cet immense village, vous seriez coupable de ne pas entrer dans la ronde), le désir intime d'adhérer au pouvoir du Nombre (« *Nous sommes les jeunes, nous sommes le monde* » clamait justement le refrain *totalitaire* du mouvement USA for Africa).

Ainsi fonctionne le discours unanime, ainsi se constitue le jeune anonyme.

34

Homme moderne[1]

Si l'on récapitule, l'homme moderne est l'individu parfaitement traversé par le discours anonyme, discours qui le produit et qu'il reproduit à son tour. Il est profondément heureux de se sentir semblable, tout en jouissant de l'illusion d'être différent. Il est en phase avec l'époque. Il se laisse entraîner et modeler (parfois broyer) par la mécanique sociale qui tourne sur elle-même. Il *fonctionne* à tous les niveaux — corporel, socioprofessionnel, relationnel —, niveaux dont l'idéologie ambiante ne cesse, à coups de métaphores et d'analogies, de renforcer l'isomorphie « naturelle ».

Il fonctionne, d'abord et avant tout, biologiquement. Sa machine corps (sport/sexe/santé), toute occupée d'elle-même, tout le temps occupée d'elle-même (quête de sensations, recherche de performance, soins de beauté, peur du vieillissement) semble à elle-même sa propre fin. Le cerveau n'y est qu'un organe régulateur, non l'ordonnateur d'un sens : il fournit au corps le « mental » indispensable à sa « forme ». A quoi sert ce corps ? D'abord à cultiver les satisfactions hédonistes, qui nécessitent une abondante consommation de produits (ou de partenaires-produits) ; ces satisfactions sont recherchées pour elles-mêmes, mais aussi comme signes de bon fonctionnement biologique, signes qui sont autant de gratifications narcissiques. L'autre utilité de ce corps, c'est bien sûr sa capacité dynamique, son efficacité rythmée, qu'il vise la performance dans l'intensité de ses loisirs ou dans la densité de sa profession. Le corps fonctionnel s'inscrit tout entier dans l'ellipse du produire/consommer. Il n'a pas conscience de cette finalité recourbée sur elle-même ; il se livre, sans vouloir en connaître la raison, à l'urgence de fonctionner pour fonctionner.

Il fonctionne socio-professionnellement. La cellule individuelle doit s'intégrer positivement dans le grand corps économique et social, métaphore du corps biologique, vaste système autorégulé (et non plus champ de luttes sociales). L'homme fonctionnel doit être un « pro », affichant compétence, efficacité, métier (ou du moins leurs apparences). Il cherche à progresser, à faire progresser son chiffre (notation individuelle, indice de performances diverses, chiffre d'affaires), il s'habille mentalement aux couleurs de son entreprise, n'écoute pas ses états d'âme (signes de défaillance puisque signes d'âme), se bat, se bat férocement (contre les concurrents d'en face ou les rivaux de la maison), stresse, décompresse, s'éclate, s'investit, se défonce, et donne satisfaction, aux autres comme à lui-même. Il est le bon relais d'une course dont il doit ignorer le sens. Il réemploie à son compte le langage de la fonction qui cache les significations : c'est l'exemple du discours technocratique masquant des décisions politiques[2]. Pas de distance critique, pas de réflexion-perte de temps, il faut se battre. C'est tout ou rien : le désert du chômage ou les débordements du surmenage, le trop-plein ou le tout vide, la projection de soi dans la fonction plurisectorielle, ou la chute angoissée dans les fêlures intimes de l'être.

Il fonctionne relationnellement. Il *communique* à tout moment. Il vend à travers son discours, son image, son look, cet ensemble formé par son corps, sa conduite (privée ou publique), ses opinions. Tout le discours idéologique qu'il reçoit, et propage, le pousse à cultiver un idéal de soi bien fonctionnel, aussi bien qu'à façonner autrui sur un modèle semblable : car il aime lire chez les autres les signes qui lui confirment la normalité de son « moi ». Mimétismes collectifs (expressions du visage, intonations, gestualité), jugements stéréotypés repris de la télé, suspicion d'anormalité (par des étonnements de bonne foi) jetée sur toute personne qui ne semble pas vivre le bonheur conforme. Triomphe du « on » en soi, culpabilisation de la différence, pseudo-échanges où ne se communique que la répétition des mêmes goûts/dégoûts/opinions/schémas de relation à soi. Métaphores dominantes de la consommation, hédonisme anonyme qui se limite à *reconnaître* les plaisirs programmés par la « pub », en ce qui concerne les objets, ou par la sexologie (les émissions « sexy »), en ce qui concerne la relation amoureuse. Absorption et besoin quotidien d'absorber des infos, de l'événement (avec leur mode d'emploi : ce qu'il faut en penser), et sensation corrélative, recherchée, de vivre avec son temps, d'être « branché » sur le seul véritable courant de la vie, celui des médias. Chacun se mue en fil de transmission de ce que l'époque fait opiner à chacun. Le grand mythe de la communication actuelle sert à favoriser, légitimer et occulter la réalité du discours anonyme.

L'homme moderne, l'homme fonctionnel[3], c'est tout un, atteint peut-être une forme de bonheur ; mais c'est un bonheur recélant une insidieuse violence potentielle.

En dehors de ses sensations immédiates, l'individu éprouve la béatitude latente de cumuler dans sa vie et d'exhiber aux yeux d'autrui les *signes* de sa propre fonctionnalité. Des signes *faute de sens*, des signes qui lui signifient qu'il fonctionne bien à sa place dans son époque[4]. Tautologie de la fonction : on fonctionne pour fonctionner, mais on a sans cesse besoin de produire et de contempler (consommer) les signes de ce bon fonctionnement. Les indices du bon fonctionnement procurent, dans la brièveté de l'instant, l'impression d'atteindre à un en soi éternel, à une vie sans fin comme on parle d'une vis sans fin. Salut éphémère et intemporel, à l'image du corps idéalement tonique : tant qu'il fonctionne et *manifeste* sa forme, il atteint une sorte de transcendance bionique, — loin de la souffrance, de la maladie et de la mort, qui ne sauraient être que des dysfonctionnements passagers, à bien gérer médicalement.

Mais cette illusion d'éternité dans l'instant n'outrepasse évidemment pas l'instant : il faut sans cesse recommencer le mouvement d'adhésion fonctionnelle, individuelle et collective, qui reconstitue ce simulacre d'existence. Il faut aussi lutter, par l'autosuggestion privée ou par l'intolérance publique, contre tout ce qui, tous *ceux* qui viendraient dissiper l'illusion en refusant de la partager. D'où la violence de l'homme fonctionnel. Les individus-rouages détestent les empêcheurs de tourner en rond.

C'est alors que joue l'espèce de terrorisme du discours anonyme, innocemment (?) propagé par ses victimes épanouies, pour grossir le nombre de ceux qui leur ressemblent, et éliminer, en l'étouffant, la parole de ceux qui ne peuvent ou ne veulent se conformer. On en a vu de nombreux exemples dans les fragments précédents. La violence de l'idéologie ambiante semble opérer en trois phases :

— imposer aux gens, par de multiples conditionnements premiers ou seconds (éducation/télévision : mais on sait que le petit écran a déjà auprès des bébés une fonction parentale), une représentation d'eux-mêmes (de leur nature, de leurs projets, de leur fonction, de leur sens) qu'ils prennent pour leur identité présente ou à venir, pour leur « évidence », et ceci, à un niveau vite devenu réflexe ;

— faire en sorte, par de multiples relais, que les gens contribuent d'eux-mêmes (relationnellement/collectivement : songeons au rôle normalisateur des sondages) à cultiver, à défendre/protéger/fortifier en eux-mêmes cette nature, cette identité fonctionnelle dont ils ont alors besoin pour masquer les vides fondamentaux de l'être ;

— les amener, pour réussir ce vaste travail d'autosuggestion anonyme, à *réclamer* les représentations médiatiques qui les confirment dans leurs opinions et les conforment à ces images dominantes, à ces structures mentales pleines, dont ils ont besoin pour s'assurer de leur « moi je ». C'est alors que les programmateurs des médias peuvent s'écrier triomphalement, pour justifier tant d'émissions abêtissantes : *les gens aiment ça* !

Imposer le silence aux opprimés, leur imposer des discours de propagande qu'ils doivent écouter sans mot dire, « c'est dépassé ». Il y a mieux : c'est de les laisser parler en gangrenant leur discours, en le parasitant d'une idéologie anonyme, de lieux communs informels qui font que, tout en croyant s'affirmer comme sujets de parole, comme auteurs personnels de leurs opinions et de leurs modes de vie, ils ne peuvent que dire tous la même chose, ils ne peuvent que répéter ce qui est *déjà* dit pour eux, à leur place, comme étant ce qu'ils pensent ou croient vivre[5].

NOTES

1. Certains disent « post-moderne », pour ne pas paraitre dépassés...

2. Les éditions Dalian publient ainsi un livre bien fonctionnel : *Les nouveaux modèles de discours pour dirigeants efficaces*. Il s'agit, par le langage, de maîtriser diverses situations délicates, à l'intérieur des entreprises. Voici par exemple comment circonvenir un personnel dont on devine qu'il s'émeut de prochains licenciements : « *Vous voulez vous moderniser ou déménager, embaucher ou perfectionner certaines fonctions. Malheureusement, dans bien des cas, aux premiers bruits de changements succèdent les bruits de couloir. Coupez court aux potins : informez. Sachez expliquer à l'ensemble de votre personnel les nécessités de ce changement, les impératifs du marché. Ceux qui comprennent soutiennent. Un bon discours, bien fait, au bon moment, permettra à tout votre personnel d'assimiler ces nouvelles données. Et vous obtiendrez même de lui l'envie de vous aider.* »

3. Le comportement fonctionnel du consommateur est prescrit par la publicité, de façon explicite, cf. *Le bonheur conforme*, F. Brune, Gallimard, pp. 96-106.

4. Le possesseur d'une puissante voiture ne conduit par forcément vite et brutalement : il lui suffit, en exhibant son véhicule, de se *signifier* puissant (narcissiquement et socialement). De même, celui qui se veut de son époque ne désire pas vivre ce qui serait le sens réel, historique, de l'évolution de la planète en cette fin de 20e siècle : il ne cherche qu'à se montrer participant à la modernité, à cumuler les signes et les fonctions (impératives) d'un citoyen « évolué » de l'Occident. L'époque se réduit à ses yeux aux dernières modes et techniques des pays nantis.

5. L'analyse du discours anonyme et de son idéologie pose la question de l'origine et des causes de toute cette philosophie ambiante. On pourrait en recenser d'innombrables, économiques (le « merchandising » de l'ordre capitaliste), techniques (les progrès qui entraînent simultanément la puissance et l'asservissement de l'homme, comme l'indique si bien René Macaire en analysant notre soumission à « l'autotechnogenèse », cf. *La mutance*, L'Harmattan, 1991), sociales (le système médiatique, la civilisation de masse), psychologiques (le désir de pouvoir de l'homme sur l'homme, qui agit à tous les niveaux précédents). Mais il s'agit là d'un *autre* livre à écrire. Avant d'approfondir ces causes de l'idéologie anonyme, il est urgent de mesurer l'empire qu'elle prend en nous-mêmes et de saisir les complicités intérieures qui nous rendent perméables à cette emprise. On pourra alors la propager un peu moins...

PAROLE PERSONNELLE : S'ABSTENIR

A tous ceux qui font de la distraction une politique et de la politique une distraction

Comme on l'a vu avec le mondialisme, un certain nombre de discours quotidiens, pétris d'idéologie ambiante, mettent en œuvre de façon complexe les divers linéaments du discours anonyme que nous avons isolés jusqu'ici. Dans les études qui suivent, à titre d'applications, nous analysons de telles combinaisons dans plusieurs manifestations-types du domaine médiatique : jeu télévisé, retransmission sportive, marketing politique, campagne européenne.

35

« Le juste prix » ou le discours du produit

Le principe du jeu est enfantin. On présente un produit à des candidats. Celui qui en devine le prix (ou en approche le plus) est déclaré gagnant. Et il gagne précisément le produit dont il a résolu l'énigme... Quoi de plus innocent, pour ravir un public ! Quoi de moins coûteux, pour s'assurer une audience ! Quoi de plus efficace, pour ancrer l'image de certaines marques dans le cerveau de quelques millions de spectateurs !

Le culte

L'émission a pour titre : « Le juste prix ». Non pas « le prix actuel », ni « le prix provisoirement exact »(!), qui seraient des intitulés beaucoup plus proches de la réalité commerciale. Ici, on est à mille lieues du champ proprement économique, on nous propose simplement de jouer à deviner le caractère d'un objet son prix. Car l'épithète « juste », avec ses connotations de vérité morale et de conformité fonctionnelle, fait du « prix » la réalité intrinsèque du produit. Dans l'ordre inaltérable du monde, les produits ont leur « prix » comme les choses ont leur « nom ». Vieille philosophie ! Il suffit à l'être humain de déchiffrer : de nommer pour « posséder » les choses, de donner le chiffre pour « posséder » le produit. Mais, dans l'un et l'autre cas, l'ordre des choses ou des produits préexiste, qu'il n'est pas question de mettre en cause. Dès l'abord, dans cette émission, l'évidence du produit, nouvel En-soi de notre époque, se manifeste comme un ordre des choses devant lequel il faut s'incliner, un système d'essences immuables dont on peut seulement tenter de reconnaître les « signes ». En gagnant, en participant au jeu, ou simplement en le regardant avec sympathie, le citoyen-spectateur ratifie à son insu l'incontestabilité de cet ordre.

Le Produit (objet de consommation, appareil ménager, séjour touristique, chaîne Hi-Fi, etc.) est en effet la fin et le moyen de ce jeu. Il est le but, le gain qu'on fait miroiter, et l'on ne gagne essentiellement que lui (à la différence d'autres jeux où l'on fait ce que l'on veut de la somme obtenue) ; mais il est aussi, toute l'émission durant, l'instrument-clef, le lieu de l'énigme sur lequel l'ensemble du public est centré : on doit passer par son mystère, le contempler, l'interroger en soi-même (et devant tous), deviner son essence (son prix) pour gagner. Et recommencer, puisque dans cette émission qui tente de promouvoir un maximum d'objets, la succession des épreuves équivaut à une chaîne de produits divers, l'un chassant l'autre sous les yeux impatients du téléspectateur. A chaque fois, la féminité apprêtée de la présentatrice qui le montre (elle sourit, cligne de l'œil), le discours assuré de la voix off (masculine) qui en vante les qualités, la valorisation permanente de la caméra qui le magnifie en le filmant, tout est combiné pour célébré le culte du Produit, moyen et fin du Jeu.

Pour les candidats et spectateurs, d'émission en émission, ce dispositif dicte une fantastique attitude de soumission consentie. Le produit est seul digne d'intérêt. Il est l'objet de la Connaissance (limitée à l'approximation de son prix !). Il est le Sphinx des temps modernes, détenteur silencieux de notre sort de gagnant ou perdant. Tout public qui regarde est candidat en puissance (des milliers de gens voudraient venir sur le plateau, les candidats sont choisis par tirage au sort). Tout le monde cherche, intériorise cette nouvelle métaphysique (où la quête du sens de la vie cède la place à la recherche du prix des produits), feuillette des catalogues, lèche les vitrines, s'entraîne pour rester au courant, en parle autour de soi (« *Cet objet doit valoir dans les… — Mais non, tu n'y es plus, cela vaut au moins…* ! » : oh, la grande peur moderne d'être « celui qui n'y est plus » !)

La cérémonie

Le principe du culte — l'autorité du produit — étant établi, on peut permettre à la cérémonie d'adopter le style « cool », de se dérouler dans la bonne humeur, d'être en un mot (pseudo)-démocratique. Pour que tout le monde accepte la Loi du produit, il vaut mieux que tout le monde se sente de la Fête.

Cette participation collective s'appuie sur le dispositif (de plus en plus fréquent dans les médias) du double public. Entre les candidats présents sur scène et la vaste audience des téléspectateurs privés, se trouve en effet une assemblée d'amis et d'invités qui fait office de public intermédiaire, en direct. Or, ce mini-public, tapageur et bon enfant, peut souffler des réponses aux candidats interrogés. Ceux-ci ayant droit à cette aide, à cette « triche » permise, ils ont la chance de n'être pas seuls dans l'épreuve. Mais, du même coup, ils sont l'émanation de l'assistance qui les encourage (ils sortent d'ailleurs de cette assemblée lorsqu'on les appelle à comparaître pour jouer). Celle-ci, à son tour, est comme la représentation active (elle veut aider, elle risque son chiffre, elle orchestre le suspense des épreuves) du « peuple » des téléspectateurs qui en oublient leur isolement devant le poste. Cette petite assemblée fait même plus que représenter l'ensemble des téléspectateurs : elle les constitue en public. Grâce à ce subterfuge, la chaîne d'identification qui relie la grande clientèle des téléspectateurs au petit lot des candidats est d'une solidité à toute épreuve. Tout le monde se sentant participer au jeu, tout le monde se soumet à sa règle : le dieu Produit triomphe.

Cette soumission est chaleureuse. L'ambiance euphorique qui règne dans l'assemblée dissimule son assujettissement au culte du produit. On suppose la salle déjà « chauffée » avant l'émission. Quand celle-ci commence, chaque candidat est appelé sous les bravos du public (avec fond musical) ; il est essentiellement désigné *par son prénom* (signe de chaleur familiale, d'ambiance « club ») ; il descend des gradins vers le plateau, en se pressant, poussé par le public, lequel en fait l'un de ses poulains ; cette entrée en lice et en fête est soulignée, sur le poste TV, par un ruban de lampions qui ourlent le petit écran et ajoutent leurs clignotements à la musique et aux applaudissements. Une telle mise en scène, qui rappelle l'arrivée des stars à l'émission Champs-Élysées, « vedettise » littéralement les candidats, célébrés comme s'ils étaient *déjà* connus. Ils entrent au paradis du produit télévisé. Et avec eux, la classe moyenne dont ils sont les « élus »[1].

Si on ne connaît pas leurs patronymes (à peine audibles lors de l'appel), en effet, on leur demande leur profession et la ville d'où ils viennent. Jean, Jacques, Eliane, Chantal, Dominique. Saint-Malo, Nancy, Eaubonne, Bruxelles, Trifouilly-les-Oies... Voyageur de commerce, fonctionnaire de police, retraitée, employée, mère au foyer. Bref, un prénom, un métier, un lieu : c'est assez pour les savoir bien de chez nous, socialement « vrais », humainement proches. Dans les phases ultérieures du jeu, les candidats ayant franchi les épreuves successives sont plus finement interrogés : trac, joie, famille, usage des produits gagnés, etc. Tout ceci renforce les liens, favorise l'identification, « fidélise » le public. Car il ne faut pas que le spectateur quitte la cérémonie pendant son déroulement.

La tension du spectacle va donc être croissante, dans l'euphorie toujours (malgré la déception des perdants — mais tout le monde aura des lots de consolation et, bien sûr, ce-n'est-qu'un-jeu-l'essentiel-est-de-participer). L'astuce, c'est que la réussite à une première épreuve (où il faut approcher le « juste » prix) permet au gagnant de concourir à une seconde, plus difficile, où il faut encore approcher d'autres « justes prix », mais d'une valeur bien plus grande. De plus, le rôle du hasard (la boule cachée sous l'un des quatre chapeaux, la main qui plonge à l'aveugle dans le sac) croît avec l'importance de l'enjeu : le spectacle s'intensifie, les publics tremblent et s'agitent. Enfin, chaque jour est désigné (par tirage au sort : une roue qui tourne !) un candidat qui disputera la finale du dimanche suivant (le dimanche, les grands magasins sont fermés, mais « le juste prix » reste ouvert). La course aux produits n'en finit pas : ils sont les jalons de l'existence, les figures essentielles de l'épreuve et de la gratification. Ainsi se crée, dramatiquement, au fil des cérémonies, une quête collective focalisée sur les biens de consommation. Modèle idéologique masqué par le naturel et l'humanité émue des candidats : on retrouve ici, presque en laboratoire, la loi de « naturalisation du politique » mise en évidence par R. Barthes dans ses *Mythologies*. Quoi de plus *naturel*, en effet, que de jouer, que de frémir pour les joueurs, que de « jouer le jeu » en bon public ? Mais que signifie la règle du jeu, et qui l'institue ?

Le grand-prêtre

Il est le pivot de la cérémonie, celui par qui doit passer toute la « communication ». Son rôle est double.

Il est d'abord celui qui anime, appelle, reçoit les candidats, tire d'eux les aveux humanisants, facilite les voies de l'identification, cache l'enjeu (idéologique) sous le jeu (bon enfant), lubrifie l'euphorie par un discours passe-partout (« *Ca va ?... Bien joué !... Ah comme c'est dommage !... Ma chère Éliane, vous avez des yeux !... La chaîne est à vous, j'en suis ravi... Et vous allez partir avec qui ?).* Il « comprend » la perdante, lui fait une bise à titre de consolation. Il attise la participation de l'assemblée, transgresse légèrement la règle du jeu sous sa poussée, veille à ce que jamais rien de grave ne vienne troubler l'euphorie communicante. Il est complice, il s'appelle Patrick, on l'appelle ainsi (« *Bonjour, Jean ! — Bonjour, Patrick ! — Vous faites quoi, dans la vie ? »).* Lui aussi, il bénéficie de ce public immédiat, restreint, qui lui sert de relais avec l'ensemble des téléspectateurs, dont il sent la présence et dont il « travaille » l'identification. Il veille notamment, en interrogeant les candidats, à leur conférer suffisamment de « réalité » sociale pour accréditer leur représentativité, sans pour autant pousser trop loin la précision socioprofessionnelle (ne pas frôler les tensions du monde réel, demeurer dans l'apesanteur d'un grand jeu au sein d'une grande famille). On est ici au service du produit, c'est vers lui qu'il faut drainer les valeurs conviviales, la chaleur spontanée du public qui se contemple sublimé dans son reflet télévisé.

Mais notre animateur est, en même temps, l'envoyé du système de Consommation-Communication qui préside au déroulement de l'émission, de ses phases et de ses règles. Il est celui qui fait du Produit notre Destin. Il est le grand Distributeur... des Prix. Il ne descend pas des gradins de l'assemblée des croyants, lui : il fait son entrée par le Rideau derrière lequel se trouve le sanctuaire de la Régie ; il reçoit de son Assistante le sacro-saint Micro qu'il gardera suspendu à ses lèvres, dans l'exercice de ce ministère de la Parole par lequel il ordonne le spectacle. On l'applaudit, il sourit, il interroge, suscite les aveux. Il faut le voir presser les candidats, tolérer l'aide du public, donner quelques coups de pouce (« *Vous êtes encore tous en course* »), extraire de ses mains le carton fatidique où est inscrit le « juste » prix, faire attendre la sentence pour discipliner l'écoute collective, puis décréter le prix hors duquel il n'est point de salut. Qu'il félicite le vainqueur ou se dise désolé pour le vaincu, il incarne la Fortune télévisée. Il fait semblant d'attribuer le gain au mérite du gagnant (« *Bien joué !* ») ou la perte à la malchance de la victime (« *Pas de chance !* »). En réalité, dans la plupart de ces jeux, on flatte le mérite du joueur (il doit connaître le jeu, ne pas « paniquer », avoir la connaissance intuitive du prix des choses), mais ce qui est récompensé n'est en définitive que la chance. Dans l'ordre des Produits, nous sommes tous appelés, mais il y a peu d'élus (ou du moins une grande inégalité dans les faveurs de la fortune). La surconsommation des uns va de pair avec la frustration de la plupart, dissimulée sous l'euphorie de mise. Vous êtes tous appelés à vous montrer bons élèves du Produit ; mais seul le sort (qui s'appelle ici Télévision) décide de votre succès à l'examen. Tel est le système que couvre la bonhomie du grand-prêtre.

L'apothéose

Aussi bien, lorsque nous assistons à la sympathique effusion des fins d'émission, quand telle candidate émue déclare à Patrick « *Merci beaucoup* » ou que tel candidat battu s'autoconsole « *Ce n'est qu'un jeu* », on atteint en quelque sorte le sommet idéologique de la scène : celui de la reconnaissance soumise, de la légitimation contrite d'un système d'injustice économique si bien couvert par la dénomination de « juste prix ».

Certes, l'euphorie demeure et domine ; l'assemblée présente et les candidats n'ont le temps d'éprouver que l'apothéose de « passer à la télévision », l'ascension du moment leur cachant la nature du piège. Le public, quant à lui, éprouve le triple agrément d'un intérêt cognitif (« savoir » l'énigme du prix), d'une satisfaction narcissique (il contemple un miroir euphorisé de lui-même) et d'une domination sans risque. Que lui importent en effet les candidats perdants ou gagnants : ne partage-t-il pas avec le grand-prêtre cette position astrale où, du point de vue de Sirius, il assiste au jeu du hasard et de l'économie, oubliant dans le spectacle des aléas de la Fortune qu'il est lui-même régi par les lois du Destin-Produit ? Il suffit de voir le nombre de marques qu'il lui a fallu « absorber » au cours du divertissement...

Car il s'agit d'une apothéose *dégradée*, bien sûr. Dégradation patente pour qui compare l'intensité apparente de cette fête télévisée à la sordide banalité de son objet, le prix des produits, ou encore, pour qui observe l'écart entre le dispositif de communication mis en œuvre (caricature de représentation populaire) et l'inanité de ce qui est réellement dit et communiqué, de ce qui « passe » entre les gens. Faillite du Sens : quand Dieu est mort, on divinise les Veaux. Et l'analyste n'est pas, au sortir du spectacle, sans éprouver quelque honte d'avoir consacré son temps et sa plume à la spectrographie de la vacuité.

Il ne nous reste — maigre butin — qu'à conclure sur un petit bilan des farces et attrapes de l'idéologie ambiante, toujours soucieuse (c'est à *cela* qu'on la reconnaît) de désarmer nos résistances :

— elle nous fait croire au salut par le mérite ; mais seules comptent les déterminations du hasard et de la nécessité (commerciale) : il faut donc à la fois s'employer et se résigner ;

— elle cache toujours ses enjeux sous des jeux, des spectacles, des images : on vous subjugue par l'énigme du prix pour vous prendre au piège du produit ;

— elle fait de l'euphorie collective la loi de la société de consommation renvoyant au silence et à la honte les exclus, ou simplement, les insatisfaits du système ;

— elle capte l'activité cérébrale des publics pour empêcher l'activité critique des publics : tant qu'on est occupé à reconnaître les signes d'une réalité, on demeure inattentif à la réalité de cette réalité, et c'est ainsi que l'énigme du prix dissimule l'idéologie du produit ;

— elle « humanise » à tour de bras, la chaleur et le naturel des gens visant à accréditer comme chaleureuses et naturelles les finalités de la consommation ; mais cette humanisation de surface ne change en rien les solitudes anonymes ;

— elle joue enfin à refléter le peuple pour normaliser le peuple : à travers ces Français moyens qui nous représentent et que la télévision croit magnifier, c'est le modèle de ce que nous *devrons* être en face des produits qui nous est dicté comme normal : car peut-on échapper au reflet magnifié de ce que nous sommes censés être ?

NOTE

1. Célébrer l'individu ordinaire est devenu « le » moyen de fasciner la classe moyenne qui se fond en lui. C'est en somme la personnalisation de l'anonyme. La nouvelle émission, venue d'Amérique, qui se nomme « La nuit des héros », vedettise la masse en tirant de son sein les quelques individus à qui il est arrivé de l'extraordinaire. On y reproduit, à coups de simulations suprêmement dramatisées, les situations tragiques dont des gens comme vous et moi ont été les « héros » involontaires. Le public s'autoconsomme dans cette sublimation. A noter que les élus sont « héroïques » beaucoup plus par *ce qui leur arrive* que par *ce qu'ils sont*, et qu'on ne choisit, parmi les situations tragiques, que celles dont le dénouement a été heureux. Positivité et euphorie obligent. De grands frissons rétrospectifs, dans une totale sécurité présente.

36

Ce que nous dit le tennis télévisé

Il suffit d'appuyer sur le bouton. Avant même que l'image paraisse, le son amplifié par les micros d'ambiance nous plonge dans la tension dramatique, pendulaire, de l'échange en suspens. Qui va perdre ? Qui va gagner ? Sublimes questions de notre temps ! Le floc et refloc de la balle semble faire écho au rythme binaire qui martèle notre modernité, rythme du on/off, du in/out, du tout ou rien, de toutes nos formes d'opinion duelle (normal/marginal, ringard/câblé, génial/nul), et de cette incessante compétition politico-économique qui divise le monde en gagnants et en perdants.

Soudain, le rythme se casse, et dans le vide de l'échange brisé s'engouffrent les clameurs et les bravos, jusqu'à ce que le chiffre, le *score* à quoi tout se doit d'aboutir, vienne accomplir la séquence. Plan sur les acteurs, plan sur le tableau électronique, et tout recommence : pourquoi notre fascination pour des images qui se reproduisent toujours semblables à elles-mêmes ? En quoi nous *parlent*-elles ? Il semble que le tennis télévisé dramatise autant qu'il concrétise, amplifie autant qu'il objective, de sorte que le moindre élément de ce sport, en devenant spectacle, se mue en mini-mythe.

Le *service*. Phase initiale, silence requis, grand commencement. Le joueur se concentre sur lui-même, la caméra se concentre sur le joueur. La contre-plongée magnifie le héros, qui met le tout de sa puissance dans le rien de sa balle. Instant suprême où il miniaturise sa volonté de vaincre et sa compétence technique dans cette petite boule d'énergie dont la matière compte moins que le mouvement. Car la *balle* n'est plus la balle : sa masse n'est rien en dehors de la charge, du tracé, de l'*effet*, bref du message que le champion inscrit en elle, selon un code que décryptent les commentateurs (elle est chopée, coupée, liftée, etc.) Le va-et-vient de la balle devient un transfert non seulement d'énergie mais de sens, un échange d'informations travaillées, un micro-événement pour public à désennuyer. A l'ère du feed-back, le pouvoir performant se mesure au pouvoir informant. Dans cette perspective de « communication », l'*ace* fait figure de slogan : il a cette efficacité du raccourci qui coupe la parole au destinataire. Celui-ci, transpercé, reste sur place. Quintessence de la performance : la perforance. Ce qui, bientôt, nous conduit au fameux *break*. Le break, c'est précisément la cassure, le fossé, le trou qui laisse l'adversaire loin derrière, irréparablement. Ne pas perdre les points cruciaux, où *tout se joue*. Comble du break, le *tie-break* (« jeu décisif » en français, mais c'est trop long) qui décide du gain entier d'une partie sur quelques échanges : c'est le moment où le gagneur peut enfin l'emporter sur l'artiste. Pas d'états d'âme surtout : là où règne le tout ou rien, exit l'homme sensible.

Images dominantes, figures idéologiques, soignées par la caméra. Le champion vaincu, le visage enfoui dans la serviette : est-ce pour pleurer, se concentrer, ou simplement éponger la sueur ? Le champion gagnant, revenant d'un pas tranquille vers sa ligne de service : même de dos, il a l'air terriblement concentré ; il rajuste simultanément les cordages de sa raquette et ceux de son *mental*. Le duel des regards : le serveur, analysant et décidant d'un seul coup d'œil acéré ; l'adversaire, campé ou tapi sur ses jambes, à l'affût de tous les possibles. Les spectateurs, et parmi eux, les notabilités qui grandissent et surmédiatisent l'événement. Les spectatrices, ersatz des grandes belles dames médiévales pour qui combattaient les chevaliers, beautés modelées selon les derniers canons publicitaires. Et l'astronef parfois, là-haut dans le ciel de Roland-Garros, qui prouve que le monde entier est focalisé sur l'événement tennistique, les dieux y compris.

Vu du ciel, le court central, cirque moderne, est le cœur de l'action, où se joue quelque chose qui a trait au sort de la planète. Vertigineuse plongée, ubiquité de la caméra qui transporte les télé-spectateurs d'un lieu critique à un autre. Ralenti, *immédiateté* du ralenti qui leur donne le sentiment de dominer le temps. Ralenti du ralenti, sur la ligne blanche : la balle est-elle *in* ou bien *out* ? Voilà bien le problème métaphysique ! D'une certaine manière, les ralentis dédramatisent le spectacle en donnant lieu à ces commentaires hautement techniques qui procurent à l'auditeur moyen une science souveraine sur tout ce qui se passe. Mais en même temps, ils parachèvent l'aura des champions, en faisant valoir leur monstrueuse virtuosité technique, leur sublime stratégie. Tout est sur-dimensionné par l'image télévisée : ce n'est pas tant le spectacle du tennis qui reflète « l'époque » que la façon dont les caméras nous y font « participer ».

Les champions apparaissent comme divers. On peut les différencier par leurs origines, styles ou écoles. Il y a le canon allemand, la mécanique suédoise, la ténacité tchèque, la fougue sud-américaine, l'inconstance française. Il y a l'acrobate et le métronome, le frappeur ou la teigne, le stratège ou le mauvais coucheur (*« C'est quand il est agressif qu'il donne le meilleur de lui-même »*). Mais quels qu'ils soient, les champions semblent surtout au fil (au film) des matches revêtir trois archétypes interchangeables, tout à fait fonctionnels : l'Ange, la Bête et le Technicien.

La Bête apparaît, mal rasée (économie d'influx !), tignasse au vent, le bras puissant (et parfois déformé). Elle gesticule, rugit au service, crache à terre (pour humidifier le sol ?), « *lâche enfin ses coups* » qui « *font mal* », jette sa raquette de dépit, ou se dope en appelant au fond d'elle-même l'empire de l'instinct, les avant-bras bandés comme des arcs, et le visage grimaçant. Pas de quartier pour l'adversaire : une même pulsion perforatrice, anonyme comme l'instinct, emporte alors le champion et le téléspectateur avide.

À l'opposé, c'est l'impassible figure du Technicien, super-entraîné, dénué de vapeurs, infatigable renvoyeur, sûr de son calcul, sachant construire les points déterminants, mythe d'invulnérabilité impersonnelle sur lequel s'écrase la fougue des jeunes inexpérimentés. Il accomplit les gestes requis à la perfection, fléchit quand il faut, frappe quand il faut, lifte quand il faut, monte au filet s'il le faut, et les commentateurs ne cessent de susciter notre admiration (ennuyée) pour cette statue de marbre mobile qu'aucun assaut ne peut déstabiliser.

Dans les grands moments du jeu, ces deux figures s'effacent, ou plutôt s'unissent et se transcendent pour donner la troisième, celle de l'Ange, ou du champion fait dieu : c'est le fameux état de grâce qui produit le « tennis de rêve ». Le gagnant ne cesse pas d'être la Bête qu'il a su lâcher en lui, ni le Technicien maître de son art : mais tout cela fonctionne merveilleusement, et mieux encore quand les *deux* partenaires se surpassent en même temps. Mais ce même destin, qui les érige en dieux, *choisit* parmi les dieux. C'est la petite minute où, par l'effet d'une balle frôlant la ligne, tout le match bascule. C'est cette pluie funeste qui, tombant à point, arrache le favori aux griffes de son challenger qui allait gagner. C'est cette erreur d'arbitrage qui, déconcentrant soudain l'incontestable champion, lui fait perdre le set dont il ne se remettra pas. Il y a toujours un grain, négligemment jeté par le Hasard, qui vient gripper la plus fonctionnelle des machines humaines...

Chaque champion, notons-le, peut incarner ces trois figures, selon les phases d'un tournoi, ou lors même d'un seul match. Mais comme tout vainqueur est un vaincu en puissance, il peut aussi, d'un jour à l'autre, *incarner leur contraire*, illustrant soudain ce que ne doit surtout pas être l'homme de notre temps... Et voici la bête féroce devenue victime expiatoire, anéantie par les coups, tanguant sur le court, l'œil cadavérique cherchant en vain les conseils de son *coach*, ou implorant la pitié d'un public qui exulte devant l'immolation en beauté (« *Tue-le, Noah !* »). Voici le Technicien d'hier qui, soudain, commet des fautes énormes de débutant : il a perdu son service, il a perdu son passing, et son smash, et ses jambes. Voici le favori des dieux qui bute contre le filet, qui manque les lignes, qui n'arrive plus à « entrer dans le match », et qui, par dessus tout, se voit perfidement attaqué au plus fragile de lui-même : il a des bobos, car il a un corps, comme vous et moi. L'Ange avait un Corps, qui l'eût cru ? Dès lors, malgré d'ultimes sursauts, le beau champion se résigne, il tend la gorge aux crocs de son « tombeur » triomphant, et meurt sans parler, dans une détresse dont le voyeurisme indécent de la caméra ne perd aucune miette en gros plan.

Mais c'est « la règle du jeu » : il faut qu'il y ait un vainqueur. Il faut qu'il y ait un gagnant puisqu'il y a un gain. Le match nul n'est pas possible. Il ne suffit pas même que le « meilleur » gagne : il faut qu'il *écrase* le vaincu (sinon, la dramatique télévisée n'intéresse plus personne). Terrible loi binaire des compétitions modernes : on n'y peut être que victime ou bourreau [1]. L'élégance du style, l'humanité du partenaire loyal, ne comptent guère. L'individu moderne doit être agressif et technique, ou n'être pas. C'est là un modèle international que prône le tennis internationalement. Les autres vertus, qui ne suffisent pas à produire des Premiers, sont justement secondaires.

Mais voilà l'après-match. Le vainqueur et la victime, rafraîchis par la douche, redevenus des jeunes gens comme vous et moi, commentent leur partie. Étonnement ! comme les choses étaient simples ! Bien sûr, il y avait du *vécu*, mais pas tant qu'on croyait. Physiquement comme mentalement, tout n'était que technique. On n'en revient pas de voir le vaincu, mourant il y a un instant, ressusciter pour nous raconter les raisons de sa mort. Et d'entendre le vainqueur, repassant du style « hard » au ton « cool », expliquer les forces et faiblesses de leurs stratégies mutuelles. Et les commentateurs, chiffres à l'appui, de dresser le bilan comptable des phases du match. L'épopée est rentrée dans l'ordinateur, sans qu'on sache très bien lequel des deux consacre l'autre. L'ordre fonctionnel l'emporte. Au jeu suivant !

NOTE

1. Ce qui ruine cette naïveté de Mireille Matthieu, où se mêlent l'idéologie de la performance et la philosophie du coup de cœur : « *Moi, je suis pour que tout le monde gagne* ».

37

Le silence de la cible
(Ce qu'implique le marketing « politique »)

1965. Jean Lecanuet, se lançant dans une campagne « à l'américaine », propose aux Français le sourire de ses dents blanches comme degré suprême du discours politique. La classe politique proteste mais s'incline : malgré les réserves de rigueur, on se met à accepter certains conseils, certaines pratiques.

Au cours du septennat de V. Giscard d'Estaing, si télégénique en ses débuts, le mouvement se précipite : on ne soigne bientôt plus les discours et les petites phrases que comme éléments partiels d'une image de marque générale, figure de président ou de « présidentiable ». A gauche, malgré la dénonciation de « l'État-spectacle », on applaudit à l'affiche d'un certain François Mitterrand : « *Le socialisme, une idée qui fait son chemin* » (quel chemin en effet, depuis lors !). La dépolitisation du politique par le marketing s'accentue, parallèlement à la dépolitisation de l'économique qu'engendre la consommation-spectacle, avec le nombre croissant de spots publicitaires à la télévision.

En 1981, basculant tout à coup, le sieur Mitterrand accepte d'incarner la « force tranquille » sur des affiches. Le jeune loup Séguela a eu raison du vieux berger. Les publicitaires vont pouvoir, dès lors, investir la bergerie gouvernementale. On convient de dire, désormais, que le marketing politique caractérise toute démocratie avancée. Il n'y a plus à se gêner...

De fait, en 1985, vingt ans après l'irruption lecanuettiste, le Parti socialiste français semble atteindre un sommet du genre en lançant sa série d'affiches : « *Au secours ! La droite revient* ». On fait ainsi croire que celle-ci n'est pas *déjà* aux affaires, et pour accréditer la panique, on met en scène divers citoyens sur les affiches : la ménagère en courses, l'ouvrier sur le chantier, la femme au travail, etc. Voilà qui est ciblé. Voilà qui est personnalisé. C'est tout un. Les promoteurs de cette campagne exultent : on parle de leur affichage, ils ont donc réussi une « *communication politique* », n'est-ce pas ?

Faut-il insister sur la totale vacuité politique de tels messages, sans doute pensés par de puissants experts ? La réalité française s'y réduit à une grande menace, les responsables croient devoir conjurer une peur par un cri (ou en avoir l'air, ce qui ne vaut pas mieux), et le citoyen est ridiculement traité, qu'on lui fasse endosser cette grande panique, ou qu'on l'appelle à sauver le pays d'un péril extrême. Comme l'a montré la suite de cette campagne (début 86), de tels procédés visent à enfermer le public dans l'univers infantile et manichéen du grand méchant loup[1], alors qu'il fut un temps — lointain — où le noble souci de la gauche était de s'adresser à la conscience du citoyen. Or, c'est là ce qu'interdit le recours à la « communication » de type publicitaire.

De l'arrière-pensée à la pensée première

Celle-ci en effet implique une simplification du message, pouvant aller jusqu'à la trahison ; elle entraîne même, en fait, la suppression de tout discours réel : la personne et les idées du candidat perdent leur dimension proprement politique. Elle implique, corrélativement, une image passive du citoyen destinataire, visé comme une cible. Qu'il le veuille ou non, dès que le politicien se laisse traiter en produit, lui et les thèses qu'il défend, il entre, comme tout produit publicitaire, dans un système d'images déconnecté du réel : ce n'est plus une politique qu'il propose, mais une représentation imaginaire de lui-même qu'il veut faire ratifier, choisir, « consommer » par le spectateur, mais qui doit être suffisamment inodore et sans saveur pour ne heurter le goût de personne (consensus oblige).

Cela saute aux yeux lorsqu'émergent tout à coup sur les murs les portraits des leaders aux visages rectifiés et fardés, au milieu des fromages, des voitures, des détergents, signes publicitaires parmi d'autres signes publicitaires, dans une interchangeabilité mercantile où s'équivalent les produits personnifiés et les personnalités-produits.

Mais cela est visé, en amont, par tout le travail préparatoire qui aboutit à de tels spectacles. Le marketing, qui est au sens propre l'étude du marché, réduit l'électorat à un ou des groupes de consommateurs. On sonde des échantillons de citoyens « représentatifs ». On additionne hâtivement des impressions isolées, en gommant les écarts trop personnels, ce qui aboutit à une caricature de conscience collective. On analyse les images que les clientèles se font des partis et de leurs responsables, comme si le rapport du citoyen à ses représentants devait se résumer à une consommation d'images. On teste ce qui « passe » ou ne « passe pas » dans les prestations orales ou visuelles des candidats. Le contenu du discours se soumet peu à peu au filtrage de la grille publicitaire, à l'obsession de « l'image de marque ». Ce qui apparaît comme une « personnalisation » de l'image de l'homme politique n'est en réalité qu'une « anonymisation » de son discours, — les images n'ayant guère plus de différences entre elles que les divers modèles d'une même gamme de produits. Dans cette perspective, l'authenticité elle-même devient l'objet d'une stratégie de l'apparence : tel ancien ministre cultive l'aura d'une probité supra-politique, tel futur responsable raréfie intentionnellement ses prestations médiatiques pour soigner sa réputation d'orateur qui « *parle vrai* ».

Sans doute le souci du paraître est-il présent chez tout homme public, au moins à titre d'arrière-pensée. Ce qu'introduit le marketing politique, c'est, d'une part que cette arrière-pensée devient pensée première et, d'autre part, que le politicien mobilise des équipes, des instituts (de sondage), des méthodes scientifico-sociologiques dans le seul but de « gérer » ses apparences, ce fameux *look* — petit capital imaginaire qu'il investit et fait fructifier dans le cerveau candide des citoyens.

Sans doute propose-t-il *encore* du contenu politique dans cette stratégie, un peu comme on parle *aussi* du réel des produits dans les publicités[2]. Mais l'image prime le message. Si le responsable politique parle encore de la France, son discours la traite de plus en plus comme faire-valoir de sa personne (ou plutôt, de son « identité » collectivement crédible). Ainsi, la fameuse crise que, depuis... 20 ans, majorité et opposition évoquent si dramatiquement, est devenue une éternelle réalité-prétexte, une crise-décor propice aux diverses mises en scène des acteurs politiques, les uns se drapant dans un mythe salvateur (côté pouvoir), les autres s'érigeant en prophètes de malheur (côté opposition). La Crise sert moins à éveiller la conscience du citoyen qu'à faire frissonner ses réflexes hédonistes.

Même chose lorsque nos responsables lancent des slogans ou des thèmes plus « positifs », tournés vers l'avenir du pays (dans le cadre national, européen, international, etc.). Ce n'est pas d'aujourd'hui que la France repart, qu'il faut « prendre une France d'avance », entrer dynamiquement dans les années 2000. Les auteurs de ces formules ne nous disent rien d'autre que leur désir de se conférer, à travers elles, une connotation de renouveau, de modernité, une « grandeur Époque ». Cette France, dont on ignore où elle va, n'est qu'un mot miroir. Perversion d'un langage où l'énoncé n'a plus de sens en lui-même, mais ne sert qu'à valoriser platement l'énonciateur, où l'homme politique ne se met en quête d'idées et de programmes que pour affermir son profil, comme François Léotard qui, satisfait d'avoir « positionné » son image, cherchait soudain quels thèmes développer pour la renforcer[3].

Le fait est qu'avec la médiatisation croissante de la chose publique, une sorte de duplicité fonctionnelle semble devoir marquer le comportement de tout responsable. C'est bien autre chose que l'opposition classique entre la parole et l'action : il s'agit du développement en parallèle de deux conduites sans rapport entre elles. L'une consiste à gérer des réalités, de l'échelon municipal à l'échelon national. L'autre consiste à cultiver ce fantasme collectif qu'est l'Image de l'homme public. La face cachée, le réel. La face visible, l'imaginaire.

D'un côté, le travail secret, complexe, technique de l'action ; de l'autre l'hyper-présence spectaculaire, tantôt détendue, « cool », tantôt dramatisée, « hard », de l'acteur. Dans l'ombre, les coulisses de la technocratie, l'ordre fonctionnel. Sous les feux de la rampe, les jeux de masques — la personnalisation anonyme — pour le public. D'où toutes ces émissions où l'homme politique distille, avec la complicité des journalistes, les « vérités » calculées dont se constitue sa personnalité médiatique, sondages à l'appui[4] : « Sept sur sept », « Face à la trois », « Rendez-vous avec », « L'heure de vérité ». L'« heure » de vérité ne peut engendrer que la stratégie du mentir-vrai. Quand on tente de légitimer l'arrière-plan des politiques par le gros plan des visages, plus personne n'y voit rien.

Le public schizophrène

Que deviennent les citoyens, le peuple, dans cette affaire ? Des bêtes à sonder, purs objets de stratégie. On ne peut être à la fois considéré comme cible et respecté comme sujet agissant. Dans son essence, la communication publicitaire refuse le droit de réponse à l'interlocuteur — à moins qu'elle ne lui sussurre les opinions qu'il croira manifester personnellement. On ne s'étonnera donc pas que l'esprit du marketing politique soit précisément de couper la parole en faisant adhérer à l'image.

Qu'on se souvienne, par exemple, — mais se souvient-on ? — de cette émission où F. Mitterrand choisit d'être interrogé à la télévision par Yves Mourousi, pour pouvoir donner une image assouplie, proche, « branchée », et même « câblée », de son personnage[5]. Que signifiait ce style de communication pour ceux qui en étaient l'objet, sinon qu'on y invitait les citoyens à se reconnaître dans une image au lieu de se prononcer pour une politique ? Le Président *câblé* ! Voici le détenteur des leviers de commande de la société française[6] qui jouait à n'être que le reflet de l'époque incarnée par le public. Voilà le peuple des citoyens convié à une identification valorisante à ce qui semblait l'image de sa propre modernité, soudain illustrée par le président. Plus personne n'était personne dans ce jeu de miroirs en abyme, où le grand Responsable semblait ne rien dire d'autre que : je suis vous, vous êtes moi, inutile de parler, j'agis à votre place. Processus de ratification typiquement publicitaire, qui vous enjoint de devenir l'époque que vous êtes (par exemple : « *Les femmes modernes choisissent le produit X* » signifie « *Choisissez-vous modernes, c'est-à-dire ce que vous êtes, en adoptant X* »). Processus d'adhésion affective et hallucinatoire, qui court-circuite tout débat démocratique, puisque s'y fondent et s'y confondent les trois termes constitutifs d'une réelle communication : le message (réduit à un faire-valoir de l'émetteur), l'émetteur (devenu l'image-miroir du destinataire) et le destinataire (happé par une fascination narcissique, qui le réduit au silence)[7].

Une émission isolée ferait seulement sourire. Une campagne trop démagogique fera hausser les épaules. Ce qui est alarmant, c'est la généralisation de cette communication-spectacle, qui conduit à deux sortes de dépolitisation.

La première affecte les citoyens lucides. Tout le monde n'est évidemment pas dupe des manœuvres et des faux-semblants du marketing politique. Les plus conscients sont alors poussés à rejeter une vie « politique » encombrée d'une telle quincaillerie d'images infantilisantes (équivalent visuel de ce qu'est, au niveau verbal, la langue de bois). Ils refusent un jeu démocratique où la parole est pervertie par les gouvernants pour en déposséder les gouvernés : jouer le jeu serait de l'inconscience civique.

La seconde dépolitisation concerne le plus grand nombre : elle consiste justement à jouer le jeu, à entrer dans cette « logique » du marketing et des miroitements médiatiques, à espérer les « débats » les plus spectaculaires (les Français ont rêvé du match Le Pen/Marchais). Voilà désormais l'électeur conduit à confondre la consommation rituelle des *shows* politiques avec l'exercice personnel de sa raison civique. La politique n'est plus pour lui qu'une ratification d'images plus ou moins télégéniques, un jeu scénique parmi d'autres, une activité de diversion devant une émission de variétés, et non l'élucidation des réalités de sa vie concrète.

Car la France de la politique-spectacle, prise dans l'ensemble de la fantasmagorie médiatique, devient aux yeux des gens un monde parallèle à l'existence duquel on leur fait croire qu'ils participent. A la duplicité fonctionnelle de l'homme public correspond, dans le for intérieur du citoyen, une dissociation à peine consciente, qui le fait vivre *à la fois* dans l'adhésion crédule aux prestations du champ médiatique (dont la règle est de croire ce que l'on voit) et dans l'observation étonnée du concret de son univers journalier, sans qu'il puisse établir de lien d'un monde à l'autre. Cette sorte de schizophrénie fonctionnelle ne l'empêche sans doute pas de faire des choix, de voter, de donner ses suffrages. Mais n'est-ce pas un peu dans la semi-conscience du rêveur mal éveillé, qui ne sait plus trop qui il est, ce qu'il fait, ni ce qu'il dit ?

Quand les hommes politiques n'ont plus rien à dire, qu'ils ne s'attendent pas à trouver en face d'eux un peuple qui ait du « répondant » !

Encore que... (voir chapitre suivant).

NOTES

1. L'affiche, on s'en souvient, représentait précisément l'image d'un « méchant loup » bien cravaté, incarnant la droite, et auquel le citoyen (de gauche) posait cette question décapante : « *Dis-moi, jolie droite, pourquoi as-tu de si grandes dents ?* » Le dispositif de ce message, plaçant littéralement le spectateur en position de Petit Chaperon rose, malgré sa prétention à l'humour, cachait mal sa réalité infantilisante.

2. L'argument des publicitaires est que, les produits se ressemblant tous, il faut les différencier par l'adjonction de « valeurs imaginaires ». Le marketing politique implique qu'une seule politique étant possible pour la France (vu les fatalités de l'époque !), quelle que soit l'équipe au pouvoir, il ne reste plus aux candidats en concurrence qu'à se distinguer par l'image. Le discours politique proprement dit ne saurait donc plus être qu'anonyme/unanime.

3. L'entourage du jeune dirigeant, début 1986, estimait qu'il lui fallait alors « *vendre un fond après avoir réussi la promotion d'une forme* ». Vendre, eh oui, mais que vendre ? On chercha un contenu, et l'on obtint cette fantastique vérité politique : « *Nous ne récolterons pas sans produire* » (cf. Le Monde du 21/1/86).

4. C'est notamment le cas du sondage permanent de l'émission « L'heure de vérité », effectué avant et après chaque question posée à l'invité du jour. D'une part, on n'y évalue que des réactions immédiates) car qui a le temps d'apprécier les arguments, de vérifier les chiffres, etc. ?), c'est-à-dire une sensibilité à l'image présente, d'autre part, le « discours » y est soumis à la règle d'un score, et non à la mesure de sa vérité.

5. Le 28 avril 1985.

6. Bien sûr, le Président ne peut pas tout ! Mais il a du moins quelque influence sur l'idéologie diffusée par les médias. Par exemple, il a été le responsable, conscient de ce qu'il faisait, du lancement de la Cinquième chaîne de télévision, en novembre 1985, pour le budget de laquelle fut autorisé le saucissonnage des films par des spots publicitaires. Six mois auparavant, le même Président avait fait établir un rapport qu'il ne faudrait pas oublier, le rapport Bredin, dans lequel on pouvait lire ces avertissements prophétiques : « *Rien d'utile n'aurait été fait au nom de la liberté, si le résultat d'une "libération" manquée était le matraquage publicitaire, interrompant, façonnant des programmes prévus pour préparer et servir le spot publicitaire, la diffusion systématique de séries étrangères répandant un modèle uniforme de vie et de pensée, la soumission des programmes et, à travers les programmes, des citoyens eux-mêmes, à une école de la vulgarité et de la bêtise.* »
Cette prophétie date de mai 1985 (*Le Monde*, 22/05/1985).

7. Au demeurant, F. Mitterrand adore jouer au miroir du citoyen, pour déposséder celui-ci de toute parole critique : « *Je suis comme les autres Français, je ne suis jamais satisfait.* » (22/10/91 sur France-Inter).

38

Rhétorique maastrichtienne

La liberté, en dernier ressort, c'est le pouvoir de dire « non ».

L'importance de ce « non », le 20 septembre 1992, est venue comme sanctionner la rhétorique mystifiante des partisans du Traité de Maastricht.

Ceux-ci, dès le mois de mars, et de façon caricaturale, ont en effet appuyé leur argumentation sur les principaux traits du discours anonyme que nous dénonçons dans ce livre[1]. Passons-les en revue :

1) *Le sophisme de l'inéluctable.*

Dès que les médias ont parlé de Maastricht, ils l'ont présenté comme l'étape incontournable d'une Europe elle-même inéluctable. Il *fallait*. La France avait un rendez-vous à ne pas manquer. S'opposer n'avait pas de sens. Le vent de l'histoire balayait toute réserve, disqualifiait toute critique. A un journaliste qui lui demandait si la Banque européenne, toute puissante, ne représenterait pas pour la France un abandon de souveraineté, Mitterrand répondait : « Mais c'est déjà le cas ! ». Ce qui avait commencé devait être continué pour la simple raison que c'était déjà commencé. Mais pouvait-on modifier les choses, renégocier certains aspects du Traité ? Pas du tout ! C'était irréversible, indiscutable. Parce que 12 gouvernants s'étaient mis d'accord, 340 millions de sujets devaient suivre le chemin hors duquel il n'y avait pas de salut. Le « non » du Danemark fut présenté comme une regrettable erreur, un recul provisoire : le peuple danois finirait bien par y venir. On l'en persuaderait[2].

2) *Toute évolution est fatalement un progrès.*

La nouvelle étape européenne, sa nature, sa date, étaient forcément un bien. Puisque tout allait dans ce sens (voir sophisme précédent), cela ne pouvait que résoudre toutes les difficultés actuelles. Pas question de dire qu'on pouvait vouloir l'union européenne tout en refusant Maastricht. Pas question de prôner une pause plus longue, dans l'unité économique déjà partiellement réalisée, avant d'aller plus loin. Le « il faut aller plus loin » s'imposait comme un bien en soi, un impératif catégorique. Le « davantage d'Europe » devait tout résoudre : le chômage, les tensions monétaires, les risques de balkanisation à l'Est ; freiner une telle évolution eût été mal agir, compromettre les chances de la France, etc.[3] Au passage, on notera que dans ce discours le quantitatif prenait une fois de plus la place du qualitatif, le « plus » était forcément un « mieux » : davantage d'Europe (monétaire) devait produire une meilleure Europe (démocratique). Or, il y a Europe et Europe…

3) *La tautologie Europe-Europe.*

La tautologie est une figure de rhétorique dont l'emploi, trop souvent, sert à forcer l'accord sur les choses par la réitération du mot. En obtenant votre adhésion à un mot-valeur (la France, l'Europe), on cherche à vous faire accepter des réalités qui sont aux antipodes de l'idéal que vous placez sous ce mot. C'est précisément ce qu'a tenté de faire le discours incantatoire en faveur de l'Europe, supposée indissolublement liée aux accords de Maastricht. On a répété « Europe, Europe », en faisant comme si le mot allait de soi. Or, la question réelle était de savoir ce qu'on veut faire ratifier aux citoyens sous ce vocable : l'Europe des marchands, ou l'Europe des lumières ? L'Europe des nantis, ou l'Europe des laissés-pour-compte ? L'Europe capitaliste, ou sociale ? L'Europe mono-monétaire, ou l'Europe pluri-culturelle ?[4] Le mot couvre des réalités si différentes qu'il devenait habile, trop habile, de faire accepter les unes à ceux qui pensaient surtout aux autres. En d'autres termes, on a voulu faire ratifier l'Europe des financiers par ceux qui veulent croire à l'Europe des lumières (d'où la mobilisation d'humanistes de bonne foi dans les comités pour le « oui »), et, simultanément, infuser à ceux qui récusent la première la honte de refuser la seconde.

4) *La positivité à sens unique.*

Dans le sillage des arguments précédents, les partisans du « oui à Maastricht » se sont donné dès le début le monopole de la positivité. Le camp du « non » ne pouvait être que négatif, passéiste et xénophobe[5]. Le camp du « oui » était pour l'ouverture aux autres, la fraternité désintéressée, l'avenir de l'humain. Il fallait choisir : ou Maastricht, ou des guerres civiles à la mode yougoslave. Voter contre, c'était rejoindre les staliniens du P.C.F. ou les nazis du Front National. Ainsi, un citoyen réellement démocrate ne pouvait user de sa liberté de choix que pour voter « oui », ce qui revenait à nier sa liberté de citoyen. Quand le « non » s'est mis à progresser dans les sondages, cette argumentation unilatérale et sûre d'elle s'est muée en véritable chantage à la catastrophe. Le « non » à la monnaie unique devenait l'expression d'un négativisme absolu, qui générerait la faillite de l'Europe et l'écroulement de la France. Cela, nous l'avons entendu répéter sur tous les tons, et de plus en plus fort[6].

5) *L'intimidation majoritaire.*

La conviction intime des politiques et technocrates qui ont signé le Traité de Maastricht fut sans doute que tout le monde les suivrait. Ils pensaient agir positivement ; les majorités approuveraient : il n'y avait donc pas à expliquer aux gens ce que donneraient concrètement ces accords monétaires dans leur existence quotidienne ; il suffirait de disqualifier les opposants minoritaires en puisant dans la rhétorique précédente. Il suffirait de dire « Europe », et le consensus serait là. Installés en position de consensus acquis, ils n'avaient plus qu'à intimider les récalcitrants en leur signifiant que leur position était indéfendable *parce que minoritaire*. On ne discute pas : on montre sa puissance, celle du grand nombre, et le tour est joué.

Le recours à une campagne publicitaire fut caractéristique de cet état d'esprit (on fera de la pub, et cela suffira) : le pouvoir, assuré de son succès potentiel, n'avait plus qu'à faire taire les « non » en faisant croire à l'omniprésence — *déjà là* — du « oui ». Le slogan dominant de cette campagne (« *L'Europe est adulte : donnons-lui sa majorité* ») voulait justement imposer aux gens une sorte de devoir majoritaire. Une majorité potentielle existait *déjà* dans le ciel civique européen : chacun devait la rejoindre pour la rendre effective ; ne pas remplir ce devoir était une sorte de sécession coupable, de manquement grave à l'impératif démocratique[7]. Ainsi, on jouait sur des recettes éprouvées : l'adhésionnisme de la masse, fruit du coup de cœur et du mimétisme, l'élan des jeunes pour l'avenir européen qu'ils ne pouvaient que choisir en devenant majeurs et, corollairement, la culpabilisation sans frein du séparatiste.

Tous ces traits du discours anonyme, par lesquels s'impose chaque jour l'idéologie ambiante pour couper court à la parole personnelle du citoyen, ont triomphé jusqu'en août 1992 dans la propagande des partisans de Maastricht. Il est vrai que ceux-ci, à partir de septembre, ont commencé à donner du contenu à leur argumentation, en parlant enfin du Traité lui-même. Mais ils ne l'ont fait, cela est vrai aussi, que parce que leurs adversaires (et notamment Philippe Seguin) leur opposaient des analyses précises, des faits contrariants. Au cours de l'été, on apprenait que, selon certains experts, il n'était pas sûr que le « chômage » baisse véritablement dans une Europe monétaire *et monétariste*. Il était probable que la facture de Maastricht serait lourde, et que l'on n'en verrait les bénéfices qu'au bout de plusieurs années. La libre circulation des marchandises, belle image de liberté, se voyait tout à coup illustrée par l'importation de déchets industriels allemands dans des poubelles françaises, etc. Et le « non » progressait dangereusement, aussi suffocant que cela ait pu paraître aux yeux de ceux qui n'avaient tenu sur le traité qu'un discours incantatoire et mystifiant.

Le meilleur de la campagne en faveur du « oui » fut sans doute le show télévisé de François Mitterrand, début septembre. Le Président avança enfin des arguments, eut quelques phrases vibrantes, sans doute sincères. Mais cette émission était ordonnée de telle sorte que le « oui » y fût célébré et, d'autre part, ne cessa de reposer sur l'équation discutable Maastricht = l'Europe, et réciproquement. Fondamentalement, les partisans du traité de Maastricht ne modifièrent pas leur rhétorique alliant le chantage au vidéoclipisme[8].

Que dire de l'après-référendum ? Dès le soir du 20 septembre, à côté d'interventions modérées tentant de comprendre le sens et l'utilité du « non » de 49 % de Français, on put voir les sophismes de la rhétorique maastrichtienne reprendre vigueur et persister dans leurs mystifications, au moins à deux niveaux :

— ce fut d'abord la confusion entre le vote pour l'Europe et le vote pour Maastricht. De nombreux journalistes, *comme naturellement*, et sans doute inconsciemment pour une part d'entre eux, présentaient le « oui » comme un « oui à l'Europe », et le « non » comme un refus de l'Europe. On entendit certains faire la liste des villes et des départements qui avaient « bien voté », par opposition aux autres (la France frileuse). Bérégovoy, Mitterrand affectèrent de dire qu'il n'y avait ni vainqueurs ni vaincus, mais laissèrent entendre (— en prétendant les comprendre) que les citoyens du « non » étaient inciviques, rétrogrades et insensés[9] ;

— ce fut ensuite l'étonnante commisération que les plus éclairés des responsables pro-maastrichtiens (personnalités modérées, politologues) affectèrent d'éprouver pour les ruraux malmenés, pour les pov-z-ouvriers échaudés par le chômage, pour tous ces sous-Français fragilisés par l'économie moderne et hantés par la peur de l'avenir, qui avaient voté « non » par une simple réaction affective[10]. Tout ceci revenait à traiter les minoritaires en mineurs. Ils ne pouvaient pas *en raison* avoir voté « non » ; ils ne pouvaient pas avoir fondé leur vote sur une analyse, sur une intuition, ou sur une expérience. Bref, il ne pouvait pas y avoir de *positivité* du « non ».

La suite a prouvé qu'il y avait une positivité du « non ». *Y compris dans la perspective des partisans du « oui ».* Le « non », en effet,

1) a forcé ses adversaires à s'expliquer (un peu, trop peu) ;

2) a révélé les points obscurs ou discutables d'un Traité qu'on a continué, officiellement, de refuser de « renégocier », mais qu'on va aménager en le transformant peut-être... radicalement ;

3) a mis l'accent sur les dangers de la technocratie, sur l'insuffisance de l'Europe sociale, sur les pièges de l'Europe monétariste, sur les difficultés d'adaptation des pays membres, sur l'aspect hâtif du calendrier prévu pour l'Union européenne ;

4) a signifié enfin aux gouvernants, à la suite du « non » danois, que les citoyens existent encore, qu'il y a des résistances aux rhétoriques mystifiantes, qu'on ne fait pas l'union des peuples sans que celle-ci soit désirée profondément par les peuples eux-mêmes, ce à quoi ne saurait suffire la mise en commun, par de grandes banques, de leurs intérêts bien compris.

Il reste à espérer que ces leçons seront comprises, que les hommes de pouvoir résisteront à la tentation de passer outre et de persister dans l'abus des rhétoriques mystifiantes, toujours là, toujours prêtes à l'emploi — car le ventre est sans cesse fécond, d'où sort sans cesse l'idéologie anonyme.

Ce n'est pas sûr.

NOTES

1. Cet essai était écrit en 1991. Des aléas éditoriaux ayant retardé d'un an sa publication, nous n'avons fait qu'assister à une étonnante illustration de nos analyses.

2. Le paradoxe a voulu que le sophisme de l'inéluctable se retourne contre ses utilisateurs : puisque l'Europe ne peut pas ne pas se faire, se sont dit nombre de citoyens, un « non » au Traité de Maastricht ne l'arrêtera pas. De même, le chantage à la catastrophe au cas où le « non » l'emporterait a pu susciter chez certains l'envie de dire : chiche, on verra bien !

3. Le sentiment de culpabilité, à la fois morale et sociale, était relayé dans la conversation quotidienne par l'étonnement-reproche : « Comment, tu vas voter "non" ? » J'ai personnellement éprouvé cette culpabilité. Il semble bien, à l'inverse, que ceux qui ont voté « oui » sans enthousiasme et sans illusion sur les réelles vertus du Traité ne se sont pas sentis culpabilisés par les arguments contre le Traité : ce n'était pas l'*idéologie ambiante* qui fondait le discours des détracteurs du Traité, même si l'on a pu trouver de bien mauvaises raisons chez certains d'entre eux.

4. René Gallissot note à juste titre que ce qu'on appelle Europe n'est qu'un tiers d'Europe, « l'Europe occidentale et nordique, celle des pays nantis qui ont à se protéger contre la misère du monde » (*Le pluralisme culturel en Europe*, L'Harmattan, 1993). On voit que, sous l'invocation idéale du mot, bien des Européistes ne songent qu'à s'ouvrir pour mieux se fermer, à mettre en commun des intérêts bien plus que des sentiments. Il n'y a rien là de plus estimable que les réflexes nationalistes reprochés à certains de leurs adversaires. Chacun protège ses égoïsmes par des frontières : la différence ne réside que dans leur tracé.

5. Fin août, François Mitterrand accusait les partisans du « non » de « *se tromper d'époque* ». Ceci nous renvoie aux premiers chapitres de ce livre. En associant l'impératif Europe à l'impératif Epoque, le président s'inscrit pleinement dans le discours anonyme.

6. Comme on l'a dit plus haut, la critique de la rhétorique du « oui » ne signifie pas l'innocence de tous les arguments en faveur du « non ». La différence tient dans le fait que les attitudes idéologiques contestables qui ont inspiré le « non » étaient aisées à identifier, classiques et connues (celle de Le Pen, celle du P.C. (encore que...), alors que l'idéologie qui imprégnait le discours en faveur du « oui », idéologie *ambiante* justement, était beaucoup moins facile à déceler par le citoyen de bonne foi. Elle est surtout apparue quand les partisans de Maastricht se sont énervés, allant jusqu'à manier l'injure et accusant toute critique du traité de refus de l'Europe.

7. Les autres slogans de cette campagne ne valaient guère mieux. « *La guerre, ça suffit comme ça* » : chantage à la paix, que refuseraient les opposants à l'Union monétaire. « *On est plus forts à douze qu'à un* » : oppression de l'évidence, et fascination pour le nombre (on est plus forts, peut-être, mais est-on plus libres ? c'est tout le problème). Sinistre mentalité publicitaire, qu'on ne s'étonnera pas de retrouver dans la bouche de je ne sais plus quel responsable : « On a mal vendu le *oui* ».

8. Pour le chantage, songeons à la tempête monétaire qui s'est déroulée en Europe à la veille du référendum : les partisans du « oui » l'ont attribuée aussitôt au danger que pouvait engendrer le « non ». En réalité, au cours de cette semaine, les sondages secrets donnaient tous le « oui » vainqueur à 54 %, ce que les financiers ou responsables politiques n'ignoraient pas.

Pour le vidéoclipisme, citons l'embarras d'un honnête partisan du « oui », Philippe Meyer, qui avoue être un vainqueur honteux : « *Honteux de la campagne qui a précédé ce « oui ». Il y a de quoi l'être en effet. Au printemps dernier, j'avais noté que, pour toute argumentation, les partisans du Traité de Maastricht utilisaient l'intimidation, l'injonction et le chantage à la modernité. Faut-il que les mœurs de la publicité aient gangrené la politique pour qu'ils y aient ajouté depuis une rhétorique télévisuelle allant du sulpicianisme au pétainisme ! Comment qualifier autrement — et ce n'est qu'un exemple — la scène d'embrassade, la semaine passée, entre Bernard Kouchner et l'abbé Pierre ?* » (*L'événement du Jeudi*, 24/9/92).

9. Ils diront peut-être n'avoir jamais employé ces mots. Relisons leurs propos. Mitterrand : « *C'est à vous, Français, à vous qui avez voté « oui » à la France, « oui » à l'Europe, « oui » à l'espoir, que va d'abord ma gratitude* ». Bérégovoy, le même soir : « *Le succès du « oui » n'est pas le succès d'un camp contre l'autre : c'est le choix du bon sens et de la jeunesse* ». Tout cela, implicitement, fait de 49 % des Français le camp des négativistes, le camp de l'anti-France, de l'anti-Europe, du désespoir, du non-sens et du passé. Quelques jours plus tard, Mitterrand récidive : « *Ce « oui » est un acte de civisme incroyable, comme rarement la France en avait connu depuis la guerre* » (Le Monde, 24/9/92) Voter « non » était donc un acte d'incivisme.

10. André Grjebine, économiste, dénonce ce traitement méprisant d'une moitié de la France, dans un article qu'il faudrait citer en entier, intitulé *Abrutis, frileux et archaïques* (Le Monde, 25/9/92) :

« *Témoignant de leur ouverture d'esprit, les principaux dirigeants socialistes ont expliqué que désormais ils allaient tenir compte des angoisses et des inquiétudes qui s'étaient manifestées à travers le « non », comme s'il s'était agi de troubles psychologiques, quasiment d'une maladie mentale. Au contraire il était entendu que les partisans du « oui », eux, s'étaient prononcés en toute rationalité, à la suite d'analyses aussi intelligentes qu'approfondies, même lorsqu'ils avaient par exemple voté de la sorte simplement pour se distinguer du Front national et des communistes* ».

Et Grjebine de citer un sondage « sortie des urnes » de la SOFRES, selon lequel 4 % seulement de ceux qui ont voté « oui » donnent comme principal motif de leur vote leur adhésion au traité de Maastricht ! Au fond, nous avons peut-être assisté à une anti-campagne où la plupart des citoyens ont voté *contre* les arguments des citoyens d'en face. Le triomphe du « non », en somme !

EN GUISE DE CONCLUSION...

39

« Mon » discours anonyme

Nous sommes nombreux à parler par ma voix[2]. Il serait bien naïf de ma part de me prendre pour unique auteur de cet essai. Certes, on n'est vraiment conscient que de l'inconscient des autres : je dois pourtant tenter d'élucider ici la part de discours impersonnel qui alimente ou qui affadit « ma » parole.

Dès que je dis « l'époque », par exemple, en affichant ma distance, je suis saisi consciemment ou non par la *posture moraliste* qui, traditionnellement, ne cesse de fulminer contre « le siècle où nous sommes ». Je cherche peut-être, ce faisant, à me cacher ma réalité d'individu-masse sous le masque d'un personnalisme moralisant, qui d'ailleurs confond l'humeur critique et la méditation morale.

Lorsque je proteste contre l'asservissement du cerveau au mythe du corps, je reproduis dans mon discours la dualité traditionnelle de l'esprit et du corps, je suis traversé par une vision millénaire que l'on sait par trop schématique, je veux sans doute y puiser une identité morale propre à fortifier mon illusion d'originalité intellectuelle[1].

Lorsque je vitupère contre les démissions de la raison, je m'inscris dans l'histoire de la rationalité occidentale dont la logique exploitatrice a abouti à l'instrumentalisation de la nature et de l'être humain que je déplore. Parce que je suis saisi par un discours qui me dépasse, je ne peux parvenir à maîtriser totalement les contradictions qu'il recouvre.

Plus généralement, l'effort que je fais pour mettre à jour

et condamner le système du discours anonyme actuel m'oblige à organiser un contre-discours, un système idéologique symétrique qui se nourrit, non sans répétitions, de thèmes connus, d'un langage humanisant, qui sont, eux aussi, des lieux communs critiques de la société de consommation.

Enfin, dans cette reprise inversée des stéréotypes ambiants, j'use (malgré moi ?) d'un ton qui appartient à l'époque même que je décrie : rhétorique des titres ou formules qui accrochent, style jouant à l'obliquité du regard sociologique, emploi de termes idéologiques qui intimident.

C'est ainsi que la critique de « l'époque », dans la mesure où celle-ci s'est intériorisée en moi, m'oblige à une autocritique. Mais ce n'est pas tout. Je dois aussi avouer, et revendiquer clairement, les présupposés qui habitent mon propre discours, et qui — venus d'ailleurs — rencontrent un plein accord en moi-même.

Je dirai donc ce que je crois. Je dirai que la philosophie sous-jacente à mes analyses est précisément le personnalisme d'Emmanuel Mounier, dans lequel je m'inscris délibérément. Ma critique de l'individu anonyme n'aurait guère de sens si elle ne se fondait sur cette foi en la personne humaine, en sa conscience et en sa liberté, que j'essaie de défendre à tout prix. Il m'est arrivé d'opposer à la société de consommation son inverse qui serait une « société de contemplation », axée sur les valeurs d'authenticité et d'intériorité, de distance critique ou poétique, d'engagement pensé et de solidarité lucide. Je m'enfonce dans cette hérésie anti-moderniste. Le bonheur n'est pas dans l'euphorie du produit ou la folie du spectacle. Il ne peut être que dans le sens conscient que chacun peut chercher, donner à sa vie, à ses joies comme à ses peines. L'existence vraie consiste à pratiquer des valeurs plutôt qu'à consommer des signes. La contemplation du réel, la méditation sur l'être des choses et l'être des êtres, sont tout le contraire de cette appropriation fictive du monde qu'offrent les images médiatiques. La vie humaine est création. Et c'est ce pouvoir créateur que sape l'imprégnation des esprits par le discours anonyme.

Il est vrai qu'on ne peut rester imperméable à l'imaginaire de l'époque. Il est vrai qu'on ne peut se soustraire totalement à l'air du temps, qu'on le respire ou qu'on l'exhale. Il est vrai que le discours anonyme se renouvelle et s'immisce sans fin dans les multiples discours qui nous enveloppent. C'est bien pour cela que la conscience doit cultiver sans cesse ces deux capacités maîtresses que sont le discernement et l'irréductibilité.

Discernement, puisqu'il faut dépister en soi la fausse identité, ce *moi qui n'est pas moi*, fût-ce pour sciemment faire siens certains des traits entrevus — comme l'écrivain se forge une écriture en s'appropriant les données communes de la langue ou des codes littéraires.

Irréductibilité, car il faut demeurer rebelle aux érosions de l'unanime et de l'anonyme qui minent sans relâche, en nous et hors de nous, l'humanité profonde. Défendre la personne, en appeler à l'humain en l'homme, ne sont qu'une seule et même attitude. Celui qui ose un discours d'homme libre libère aussi, chez les autres, la parole personnelle.

NOTES

1. Voir, néanmoins, la note 6 du chapitre 12.
2. Cf. Remerciements, p. 175.

Remerciements

Je tiens à avouer ici mon immense dette envers tous ceux qui, sciemment ou non, m'ont aidé à faire ce livre, et qui souvent donc, à leur insu ou au mien, s'y trouvent exprimés par ma voix :

François-Marie Arouet, dit Voltaire, Roland Barthes, Jean Baudrillard, Madeleine Bouchez, Albert Camus, Jacques Charles, Denis Diderot, Alain Finkielkraut, René Gallissot, Yvan Gradis, Maurice Hongre, Aldous Huxley, Eugène Ionesco, Yves Jonon, Serge Latouche, Jean-Jacques Ledos, Emmanuel Mounier, Jean de Mallmann, René Macaire, Olivier Mongin, George Orwell, Blaise Pascal, Jean-Baptiste Poquelin dit Molière, Bertrand Poirot-Delpech, Pierre Régnier, Colas Rist, Jean-Jacques Rousseau, Jean-Paul Sartre, Gustave Thibon, Françoise de Verdilhac, Boris Vian,

Et bien d'autres encore, dont la mémoire m'échappe, qui se sont glissés dans ce texte sous forme de réminiscences,

Sans oublier mes proches, mes amis, mes élèves,

Ainsi, bien sûr, que tous ces individus modernes, connus ou non, qui ont colporté jusqu'à moi, en l'ignorant, le matériau du discours anonyme par lequel ils étaient traversés sans le savoir.

ACHEVÉ D'IMPRIMER
LE 24 FÉVRIER 1993
SUR LES PRESSES DE
DOMINIQUE GUÉNIOT
ÉDITEUR A LANGRES

DÉPÔT LÉGAL : MARS 1993
N° D'IMPRIMEUR : 2145